Réfléchissez avant de divorcer !

Sylvie Angel

Réfléchissez avant de divorcer !

Odile Jacob

www.odilejacob.fr

ISBN : 978-2-7381-3359-5

À *Pierre qui me supporte (aux sens français et anglais du terme !) depuis trente-cinq ans.*

Humour (juif !) : Un couple très âgé consulte un avocat pour divorcer. L'avocat, étonné par cette demande, leur dit : « Je ne comprends pas, vous avez 95 ans et 92 ans. Vous êtes mariés depuis soixante-dix ans. Pourquoi voulez-vous divorcer maintenant ? » Et le couple de répondre : « Maintenant que nos enfants sont morts, on peut divorcer, on ne leur fera pas de peine… »

Introduction

On a beaucoup glosé sur *Scènes de la vie conjugale* d'Ingmar Bergman, datant de 1973, où, en six chapitres presque documentaires qui couvrent vingt années, on voit se déliter et se déchirer un couple joué par deux acteurs fétiches du grand metteur en scène suédois, Erland Josephson et Liv Ullman, qui fut aussi son épouse. On a presque oublié, en revanche, le film du Français André Cayatte, nettement moins adulé par la critique, qu'il a réalisé en 1963 et 1964. Il faut dire que ce film a une structure originale. C'est un diptyque présentant cinq événements dans la vie d'un couple, d'abord du point de vue du mari, dans *Jean-Marc ou la vie conjugale*, puis vus par son épouse, dans *Françoise ou la vie conjugale*.

Cayatte raconte le couple à la manière dont Akira Kurosawa, en 1950, montrait un crime dans *Rashomon* : selon le point de vue des témoins. Sauf qu'en matière de couple, les meilleurs témoins, ce sont les protagonistes eux-mêmes !

À Paris, Françoise et Jean-Marc vont à la même faculté de droit. Ils tombent amoureux, deviennent amants puis habitent ensemble. L'arrivée d'un enfant et la fin des études de Jean-Marc les conduisent à se marier.

Ils s'installent en province où Jean-Marc a trouvé un poste de juge. De son côté, Françoise s'ennuie de Paris et gère le ménage… Ils reviennent à Paris où, grâce à leurs relations, Jean-Marc est embauché dans un cabinet d'avocats. Vite dégoûté par les procédés de ses patrons, il démissionne et décide d'ouvrir son propre cabinet.

Pour subvenir à leurs besoins, Françoise commence alors à travailler et connaît une réussite exceptionnelle, ce qui entraîne des dissensions dans le couple, puis la rupture. Sur le chemin du divorce, leur passage en conciliation les rapproche. Ils font un voyage en amoureux, mais recommencent à se disputer et se séparent de nouveau.

Vont-ils pouvoir vivre l'un sans l'autre[1] ?

Thérapeute familiale spécialisée dans les problèmes de couple, voilà plus de trente ans que je reçois des hommes et des femmes qui ne vont pas bien. Les couples viennent me consulter pour des motifs variés. Si l'infidélité est une cause fréquente, les disputes concernant l'éducation des enfants, le laxisme ou au contraire l'autoritarisme de l'un ou l'autre des conjoints vis-à-vis des adolescents font partie des plaintes multiples. L'éloignement des centres d'intérêt, les reproches constants, l'insatisfaction sexuelle, l'argent, les belles-familles sont autant de sujets de discorde.

Oui, les hommes et les femmes sont différents. Leur vision du couple l'est, mais surtout leurs modes de communication se situent dans des domaines opposés : lorsque la journée se termine, la femme aspire à raconter, à parler ; l'homme préfère le silence, cherche à se changer les idées. La femme reste « insecure », en amour comme dans la vie en général (sauf si elle se transforme en « superwoman »). Elle craint pour son avenir, elle a peur de manquer d'argent. Elle a besoin d'en parler, de savoir où elle en est.

Les difficultés de communication sont majeures dans la plupart des couples. On ne s'écoute pas, on ne se comprend pas, on répète les mêmes choses indéfiniment, de la même façon[2]. Les femmes n'osent pas demander : elles rêvent qu'on devine à demi-mot ce qu'elles souhaitent : « Tu veux t'arrêter pour boire un café ? », demande Mme Dupont à son mari qui conduit depuis trois heures sur l'autoroute. « Non, répond ce dernier, je préfère continuer, je suis pressé d'arriver avant la nuit. » La dispute éclatera quelques minutes plus tard, car c'est elle qui avait envie de s'arrêter. En version blague juive, cela donne : Sarah et Moshe vont fêter leurs cinquante ans de mariage dans un grand restaurant. Le dîner est magnifique et l'ambiance agréable. À la fin du dîner, quand même, Sarah dit timidement à Moshe : « Tu sais que, pendant toutes ces années, tu ne m'as jamais rien acheté ? » Placidement, Moshe lui rétorque : « Tu ne m'as jamais dit que tu avais quelque chose à vendre. »

Beaucoup de femmes, quoi qu'on en dise, restent « fleur bleue » : attachées à la petite attention qui compte, au bouquet de fleurs livré par coursier, à la soirée organisée à leur insu par leur partenaire. Les hommes aiment moins les surprises, car ils sont plus dans le contrôle et, par exemple, ayant peur de se tromper en achetant un cadeau, hésitent tellement qu'ils préfèrent s'abstenir. « Chaque fois que je t'ai offert quelque chose tu es partie le changer ! », se justifie M. Durand.

Ce sont peut-être là des caricatures, des rôles trop liés à de vieux archétypes ou aux modes d'éducation différenciés de naguère, et certains d'entre nous peuvent s'estimer « au-dessus de ça ». Mais non, d'après mon expérience de praticienne clinicienne à l'écoute de tant de couples en difficulté, cela revient malgré tout, et surtout au fil des années de vie conjugale.

Surtout, les couples se disputent pour tout : les détails et l'organisation (ou l'inorganisation…) de la vie quotidienne laminent, usent et, à force de linge sale qui traîne, de tubes de dentifrice mal rebouchés, de lumières pas éteintes, de factures pas payées ou de rôtis brûlés, on en vient à des aspects plus graves : « Finalement, je dois bien l'avouer : je déteste sa façon de manger. » Ou : « Ces crèmes et ces produits de beauté partout dans la chambre et dans la salle de bains, c'est l'invasion ! » Ou : « Quand c'est pas le foot le mercredi, c'est le rugby le week-end. Et voilà en plus Roland-Garros qui commence. J'en ai marre... » Ou encore : « Je ne le lui ai jamais dit, mais la façon qu'il a de me passer le bras sur l'épaule quand on dîne avec des gens, ça m'agace... » Ou enfin : « Ses régimes, j'en peux plus ! » On quitte souvent les gens pour les raisons mêmes pour lesquelles on les a aimés, disait le psychanalyste anglais Adam Phillips[3]. Les idiosyncrasies de l'autre qui faisaient le charme de sa personnalité dégénèrent en défauts lassants, en tares irrémédiables, en vices inadmissibles : monsieur ne veut jamais sortir, alors que madame rêve de pièces de théâtre et d'expositions ; madame dit toujours oui à tout mais ne propose rien. Parfois, bien sûr, c'est nettement plus grave.

Derrière tout cela, il y a souvent le présupposé implicite que le couple doit être parfait. L'idéal amoureux, à l'aune de la vie conjugale, se transforme en perfectionnisme, surtout à l'époque contemporaine où on prône l'individualisme, la tolérance, mais aussi l'exigence, l'efficacité, l'excellence et l'épanouissement de soi-même. De même qu'au champion, au bon élève ou au restaurant trois étoiles, on ne pardonne aucune erreur à l'époux ou à l'épouse. Après tout, il ne faut pas oublier qu'il y va de son propre bonheur, de son propre développement personnel. C'est un peu : « Attention, chéri(e), tu dois être au niveau ! » Sous-entendu : « Je ne veux pas rater ma vie avec toi. » En politique, presque tous les électeurs sont désormais résignés : les promesses électorales sont faites pour ne pas être tenues, c'est désormais un secret de Polichinelle. En amour, il en va tout autrement. Cette évolution se voit de plus en plus : on attend plus du couple, c'est-à-dire en réalité de l'autre, mais dans son propre intérêt personnel, même s'il n'est pas seulement matériel, bien sûr.

Souvent, l'insatisfaction est exprimée par la femme devant les yeux étonnés du mari : « Je n'en peux plus », lâche-t-elle. « Ça ne va quand même pas si mal », objecte-t-il. Et pourtant, les reproches pleuvent : ses absences, son manque d'autorité vis-à-vis des enfants, sa négligence, son manque d'attention, quand ce n'est pas son manque d'ambition.

On comprend alors, comme le faisait remarquer astucieusement Irène Théry, que, pour beaucoup de femmes, le divorce soit une tragédie, c'est-à-dire une histoire dont la fin était déjà inscrite dans le début, alors qu'il est plutôt vécu comme un drame par les hommes, c'est-à-dire comme un événement brutal et soudain[4]. Les « ça m'est tombé dessus d'un coup » répondent aux « ça ne pouvait pas continuer comme ça, de toute façon ».

Et pourtant, les couples ont changé, surtout depuis 1968. La famille elle-même est devenue « incertaine[5] ». L'évolution de ces quarante dernières années montre que les séparations sont plus fréquentes : aujourd'hui, on sait que 1 couple sur 3 divorce en moyenne – en région parisienne, le pourcentage monte à 1 couple sur 2. Elles touchent les couples jeunes ou âgés ; on voit aussi aujourd'hui les difficultés des recompositions familiales. Certains couples, après un premier divorce, se remettent en ménage pour à nouveau se séparer quelques années plus tard. Et ainsi de suite. Avoir été marié plus de deux fois n'est plus seulement l'apanage des vedettes de cinéma ou du show-biz.

Or il faut bien noter un fait regrettable : *les couples, quand ils consultent un thérapeute, le font souvent trop tard*. Ils se déchirent et, si les mots dépassent la pensée, ils restent gravés. Les contentieux sont donc lourds. Ce n'est pas parce que les séparations sont plus fréquentes, plus rapides qu'elles sont moins douloureuses et plus aisées. Il est désormais presque entré dans les mœurs qu'un petit enfant qui a des difficultés de lecture ira consulter un orthophoniste ou que quelqu'un qui est un peu enveloppé s'adressera à un nutritionniste. En revanche, pour ce qui est des difficultés de couple et au moment des séparations encore plus, la demande d'aide reste minoritaire, alors que le problème est massif. Si notre société a « réinventé » le couple[6], c'est aussi chaque couple qui doit « réinventer » seul la façon de résoudre ses difficultés ou d'en sortir une bonne fois.

Quand les conjoints arrivent chez leurs avocats, qui n'ont pas reçu de formation psychologique et qui ne sont même pas toujours spécialisés dans les questions familiales, ces derniers, face à la souffrance, répondent souvent seulement en termes juridiques, alors que leurs clients veulent aussi être écoutés. Dans l'état de détresse psychologique où ils se trouvent, ils ont besoin de se confier, de parler, de tout raconter. Les mots se précipitent, l'émotion est mal contenue.

Alors qu'un processus de perte et donc de deuil commence – perte de l'autre, de la relation idéalisée, de la famille –, les avocats, qui doivent d'abord informer, ont l'obligation de garder du recul face aux émotions qui se déchaînent devant eux. Leur première réaction est principalement : « protégez-vous », « méfiez-vous », « défendez-vous », « battez-vous ». C'est leur rôle. De même que d'engager des procédures. Reste que cela n'encourage guère à la conciliation, à l'apaisement.

Est-ce à dire que les couples sont prêts pour aborder cette phase judiciaire de la séparation ? Est-ce à dire que tout est réglé entre les ex, que la séparation est, sinon déjà digérée, du moins admise ? C'est loin d'être toujours le cas, et c'est bien pourquoi certains divorces sont si difficiles, voire interminables. Au point de se transformer en véritable guerre.

> Une assez grinçante comédie américaine, *La Guerre des Rose*, réalisée par Danny DeVito, datant de 1989, en offre une illustration particulièrement extrême. On y voit un couple bourgeois filant apparemment le parfait bonheur, mais quand leur mariage commence à se désagréger, leurs biens matériels deviennent le centre d'une bataille enragée entre eux. Michael Douglas et

Kathleen Turner s'y déchaînent, sous le regard de l'avocat joué par Danny DeVito.

Le divorce est un traumatisme majeur même si on en a pris la décision. Car cette décision n'est pas toujours bilatérale, loin de là. C'est souvent celle de l'un des conjoints seulement. Elle représente en général une expérience extrêmement difficile, parce qu'il s'agit de faire le deuil d'une relation idéalisée qui n'a pas pu se maintenir au fil du temps et parce qu'on ne s'y est pas préparé. De plus, elle a un impact à tous les niveaux : les enfants, bien entendu, mais aussi les familles d'origine, les grands-parents, les oncles, les tantes. L'alliance entre deux familles est rompue, la guerre s'étend à tout l'environnement. *Or, dans bien des cas, les divorces auraient pu être évités, différés ou mieux accompagnés.*

Il y a quelques années, Fabienne Servan-Schreiber m'avait proposé de participer à une série d'émissions télévisées qui montraient au grand public les différents modèles de thérapies. Elle m'avait demandé de réaliser une thérapie de couple se déroulant sur plusieurs séances, jouée par des comédiens à partir d'un scénario que j'avais écrit. Ce scénario mettait en scène l'une des situations les plus fréquentes rencontrées dans les demandes de thérapie de couple : un jeune couple, Nadine et Philippe, chacun très investi dans son travail, décide d'avoir un enfant, mais le couple explose après son arrivée. Nadine et Philippe réfléchissent et décident ensemble que leur enfant sera gardé à la maison. Cette solution leur paraît évidente, car Nadine travaille loin et le coût d'une nourrice est élevé. Elle décide de prendre un congé parental. Finalement, elle s'aperçoit qu'elle est très insatisfaite de cette vie quotidienne à la maison, où elle ne fait qu'attendre son mari, s'occuper du petit et prendre beaucoup plus en charge le travail domestique. Les reproches fusent, la tension augmente, le bébé pleure, le père rentre de plus en plus tard, la mère lui fait de plus en plus de reproches.

Cette situation très classique de *baby-clash*, du titre de l'ouvrage de Bernard Geberowicz[7] je l'avais observée chez un couple venu me consulter des années auparavant et qui m'avait beaucoup touchée. Tout avait fini par bien évoluer. Lorsque je suis arrivée sur le plateau pour travailler avec les comédiens, une jeune femme est venue m'accueillir, qui me paraissait un peu troublée. Cette assistante disait me connaître : il s'agissait de la fille de ce couple que j'avais suivi dix-huit ans auparavant. Ses parents lui avaient raconté qu'ils étaient venus me voir en consultation. Ils avaient surmonté leur crise et avaient ensuite vécu en harmonie.

Certes, toutes les thérapies de couple ne sont pas des succès mais, dans bien des cas, elles donnent des outils pour mieux dénouer les problèmes de communication. Ce livre a pour objet de faire mieux comprendre les interactions des couples, d'expliquer ce qu'il en est des crises qui font nécessairement partie de la vie de tous les couples, comment les dépasser et, si vraiment il le faut, comment se séparer « avec élégance et respect », en quelque sorte, afin de ne pas compromettre l'avenir de chacun et surtout celui des enfants. Afin d'éviter qu'au traumatisme de la séparation vienne s'ajouter celui d'une guerre sans fin empêchant de se reconstruire.

Si la séparation est inéluctable, il convient en tout cas de réfléchir avant de consulter un avocat. Et de ne pas lui demander plus que son rôle. N'oublions pas ce que montrait André Cayatte dans les deux films que j'évoquais au début : les versions des hommes et des femmes ne sont pas les mêmes. L'avocat de chacun n'a que l'une des deux versions, à la différence des thérapeutes de couple qui écoutent simultanément les deux personnes et sont donc mieux à même de favoriser médiation et entente.

Enfin, cet ouvrage plaide pour que les professionnels puissent mieux se former à l'écoute et à la communication, pour que les études de droit soient complétées par des modules de sciences humaines, pour que se développent des formes alternatives comme la médiation familiale ou le droit collaboratif et surtout pour que les avocats, les juges et les psys travaillent vraiment ensemble dans le but d'aider les couples à se séparer dignement.

CHAPITRE 1

Du mariage au divorce :
petite histoire de grandes évolutions

Le couple aujourd'hui :
que cherchons-nous ?

Jean-Claude Kaufmann a passé de nombreuses années à travailler sur le couple et ses interactions. Que ce soit la façon dont on gère le linge, dont on range, dont on s'agace au quotidien, il a observé tous les petits riens qui divisent les hommes et les femmes. À l'arrivée, il résume ainsi leurs attentes différentes : les hommes recherchent « l'attrait physique et sexuel, du soutien affectif », tandis que les femmes souhaitent « du capital économique, du sentiment et de la communication[1] ». Réfléchissant sur ce que chacun apporte dans le couple, il ajoute : « La satisfaction et l'insatisfaction conjugales sont des données subjectives et fluides. » Elles varient avec le temps, au gré des aléas du couple. Aussi ne faut-il pas tout remettre en question à chaque déception, à chaque ennui.

Le sentiment d'insatisfaction intervient de façon inconsciente. Il peut être tempéré par des attentions, des mots tendres, mais bien souvent les tensions montent petit à petit, surtout si des phrases incisives ou ne serait-ce que maladroites sont prononcées. Une distance peut alors s'installer progressivement, qui se manifeste de différentes façons : un mari surinvestit son travail et rentre de plus en plus tard au motif qu'il ne peut pas manquer ou écourter les réunions tardives ; une femme compense en téléphonant plus souvent et plus longtemps à ses amies ou à sa mère, si elle en est proche, pour se plaindre… Elle réagit surtout par une communication tournée vers l'extérieur.

Le sentiment amoureux existe depuis toujours à travers des mythes ou des récits de passions qui font partie de notre culture. On peut bien sûr citer Héloïse et Abélard au XIIᵉ siècle[2].

> Lorsque Abélard rencontre Héloïse, il a 37 ans et elle 15. C'est un clerc, philosophe et érudit ; c'est même le professeur le plus célèbre de son temps. C'est pourquoi il est engagé par l'oncle d'Héloïse, un chanoine, pour lui donner des leçons particulières. Leur passion est totale, mais elle tombe enceinte. Abélard l'envoie alors dans sa famille pendant toute sa grossesse. Le chanoine, furieux, exige le mariage, qui a lieu discrètement après la naissance du petit garçon nommé Astrolabe. La suite, raconte Marylin Yalom, fut terrible : « Héloïse vivait de nouveau avec son oncle. Il la couvrait d'injures, quand il ne la frappait pas. Abélard décida alors, pour la protéger, de la conduire temporairement à l'abbaye d'Argenteuil, où elle avait été instruite dans son enfance. Croyant qu'Abélard avait envoyé Héloïse à l'abbaye pour se débarrasser d'elle, son oncle le châtia par un acte monstrueux : une nuit, alors qu'Abélard dormait, des serviteurs pénétrèrent dans sa chambre et le castrèrent. Abélard demanda alors à Héloïse d'entrer au couvent et de prononcer ses vœux, ce qu'elle fit. Ainsi finirent-ils leur vie dans deux couvents séparés. Heureusement, en 1817, leurs restes furent transférés au cimetière du Père-Lachaise à Paris. »

On pourrait également mentionner Tristan et Iseult, texte considéré comme mythique, qui date lui aussi du XIIᵉ siècle, ou encore l'histoire de Roméo et Juliette, personnages apparus pour la première fois dans une nouvelle italienne de Luigi da Porta (1485-1529) et auxquels Shakespeare a donné une aura universelle. Toutefois, si ces passions dévorantes ont tellement fasciné, c'est aussi parce qu'elles sont… rares, les mariages étant pendant des siècles le plus souvent arrangés et reposant sur l'alliance des familles dans le but de perpétuer la lignée et de transmettre ou d'augmenter un patrimoine. Dans ce contexte, les parents n'avaient pas les liens qu'ils construisent aujourd'hui avec leurs enfants. Les grossesses se succédaient rapidement et nombreuses étaient les femmes qui mouraient en couches. Si elles résistaient aux accouchements, l'espérance de vie de leurs enfants était faible : sur dix à quinze grossesses, trois ou quatre survivaient après l'âge de 2 ans[3].

L'attachement aux enfants n'avait donc rien à voir avec ce que nous vivons aujourd'hui. C'étaient avant tout des bouches à nourrir... N'oublions pas que le bébé n'est « devenu une personne » qu'au milieu du XXe siècle.

Les jeunes filles ne recevaient pas d'éducation, sauf dans les milieux aisés où elles apprenaient la musique, la poésie, afin de briller en société. Le mariage était leur projet de vie, à moins d'opter pour la voie religieuse et d'entrer dans les ordres. Elisabeth Badinter a raconté la vie de deux femmes du XVIIIe siècle qui ont eu des destins hors normes[4] : Mme du Châtelet, qui fut la compagne et la traductrice de Newton, l'égale des savants de ce temps, et Mme d'Épinay, l'amie de Grimm, qui imagina une nouvelle pédagogie. En contrepoint, elle a tracé un portrait très réaliste de la situation des femmes de cette époque où les filles étaient élevées dans des couvents, où les enfants étaient confiés pendant les premières années à des nourrices, ce qui l'a conduite à remettre en cause l'idée que l'amour maternel serait un sentiment « inné ».

Très loin de l'attirance instantanée et quasi magique, le sentiment amoureux a longtemps été le plus souvent un produit de l'attachement et de l'habitude, ce que rappelait également Eva Illouz à partir des romans de Jane Austen, situés dans l'Angleterre du début du XIXe siècle[5].

Les choix se faisaient en suivant les codes moraux et les règles sociales en usage. L'homme faisait sa cour sous l'œil vigilant de l'entourage de la jeune fille, très scrupuleux dans la vérification des prétentions et des références des prétendants. L'opinion de la femme à l'égard de ses « soupirants » était souvent un reflet et un prolongement de celle de son environnement. Elle se conformait aux opinions familiales et intériorisait les choix de ses parents. La cour des hommes était structurée par une myriade de règles invisibles, de rituels à respecter absolument régissant l'engagement, de sorte que la femme n'était attirée que très progressivement dans une relation intime.

La codification minutieuse des rituels amoureux avait pour effet principal de détourner ou de diminuer l'incertitude en reliant le domaine des émotions à un système codifié de signes. Bref, dans cet ordre amoureux, les émotions suivaient les actes et les déclarations. La ritualisation protégeait les femmes du règne des émotions. Aux antipodes du régime d'authenticité émotionnelle qui a envahi les rapports amoureux modernes.

N'oublions pas que les biens de la femme revenaient à son mari une fois le mariage conclu. Le poids de la dot (ou son absence…) et les perspectives financières du mariage étaient donc soigneusement évalués. Marier une fille de 20 ans à un veuf fortuné de 50 était une solution pour une fille sans dot.

Le XXᵉ siècle a changé complètement la donne. L'individualisme s'est imposé : le couple se marie par amour et non plus par arrangement entre deux familles. Quant à l'arrivée de la contraception, elle a permis de limiter les grossesses : désormais, on choisit d'avoir un enfant et de l'élever. D'où le développement de l'attachement aux enfants. D'où aussi une plus grande implication des pères et une place moindre des grands-parents qui, souvent, travaillent encore ou de la parentèle (oncles, tantes, etc.). Une certaine libéralisation sexuelle, mais aussi le développement du travail des femmes, l'accès de plus en plus de jeunes gens (et en particulier de jeunes femmes) aux études supérieures expliquent qu'on se marie plus tard et qu'on ait des enfants plus tard.

Le couple contemporain doit ainsi faire face à plusieurs impératifs. Il faut s'aimer, bien sûr, l'amour est devenu fondamental ; il faut aussi être là pour l'autre et pour les enfants. Plus récemment, une autre dimension est venue s'ajouter : celle de l'épanouissement individuel, du développement personnel. À l'ère du « moi, je », « je dois réussir ma vie », et pour cela, « je dois m'occuper de moi ». Pas évident, lorsque, comme dans beaucoup de familles, « l'enfant est roi » et que tout tourne autour de lui. Or, même si de plus en plus de pères s'impliquent réellement dans la vie de leurs enfants, la gestion de la maison reste encore l'apanage des mères. La plainte est constante chez beaucoup de femmes, qui cumulent dans la plupart des cas vie professionnelle et tâches ménagères : « Je n'ai pas de temps à moi. » Certaines ont ainsi le sentiment de se sacrifier sans trouver de véritable réciprocité. D'autres, désireuses de se développer elles-mêmes, trouvent que leur couple représente finalement un obstacle[6]. Au total, l'individualisme et l'exigence d'épanouissement expliquent que les femmes attendent plus du couple que les hommes.

On ne se choisit pas par hasard

Aujourd'hui, les parents ne décident plus du mariage de leurs enfants. On a donc l'impression qu'on a toute liberté pour choisir un compagnon ou une compagne. Or cette rencontre du (de la) partenaire idéal(e) n'est pas aussi fortuite qu'on le pense. Les déterminismes socioculturels ou géographiques entrent pour beaucoup en ligne de compte et expliquent que ce qu'on appelle l'homogamie – le fait de se marier avec quelqu'un de proche – soit encore très forte. Les sociologues ont ainsi démontré qu'il existait une corrélation directe entre le niveau d'études du père et le choix du partenaire.

Si le mariage signifiait auparavant le début d'une vie sexuelle, cette situation s'est effacée progressivement dans toutes les catégories socioculturelles (à l'exception de familles extrêmement religieuses et quelle que soit leur religion). La liberté amoureuse permet aux individus d'expérimenter leur vie sexuelle. Quand il s'agit d'expériences sexuelles adolescentes (avant 20-22 ans), les parents estiment qu'il est trop tôt pour s'engager dans une vie à deux et considèrent cela comme un jeu de rencontre qui ne préjuge pas du futur. Puisque « ce n'est pas du sérieux », l'homogamie compte moins pour les parents. On voit aussi de nombreux jeunes s'opposer à leur famille par le biais d'une relation provocatrice pour les parents. Telle jeune fille de « bonne famille » s'affichera par exemple avec un adolescent tatoué des banlieues mais finira par épouser, quelques années après être longtemps sortie avec, un jeune homme rencontré dans le collège catholique qu'elle fréquentait.

Il y a longtemps que notre société a accepté le concubinage, l'absence d'engagement juridique ou religieux. L'union libre est fréquente : on s'installe progressivement dans une vie à deux. Comme le souligne Jean-Claude Kaufmann, « l'établissement conjugal est lié avant tout à la mise au point d'un système domestique autonome ». On s'essaie à la vie commune sans pour autant faire des projets pour la vie. Et on a l'impression de conserver sa liberté : la réversibilité du lien est possible à tout moment.

Les trois temps du cycle conjugal selon Jean-Claude Kaufmann

- La sexualité fondatrice : les rapports sexuels comme premier lien.
- Le premier matin décisif : la première nuit est la confirmation de l'engagement en même temps qu'un test : la qualité de l'étreinte, la capacité à s'abandonner, à prendre du plaisir s'évalue.
- Brosse à dents et lave-linge : la mise en commun des objets personnels, le fait de mélanger son linge (et de ne plus le rapporter dans sa famille d'origine) constitue une nouvelle étape.

Il s'agit déjà d'une forme d'engagement : on partage le quotidien, les tâches ménagères, un budget commun. Cependant, c'est bien souvent l'un des partenaires qui emménage chez l'autre : appartement plus grand, plus fonctionnel ; l'un est propriétaire et pas l'autre, etc. La décision de prendre un appartement à deux est rare, l'engagement serait trop fort.

C'est aussi le moment de découvrir que la vie quotidienne entraîne un certain nombre de contraintes, de petits tracas. Il y a des choses qui ont peut-être un certain charme à petite dose et de temps en temps, mais qui peuvent aussi agacer très vite et même devenir sources de rupture. On évoque toujours l'assiette sale, les miettes de pain sur la table de la cuisine, le vernis à ongle dans le salon ou les matchs de foot tous les week-ends. Parfois, l'un veut garder un peu de lumière pour dormir quand l'autre souhaite l'obscurité complète ; l'un aime manger et l'autre multiplie les régimes ; l'un se couche tard, l'autre tôt. Les rythmes individuels peuvent diverger, créant des différends parfois compliqués.

C'est au cours de ce premier temps partagé que les couples les plus opposés vont se séparer. Trop de différences, pas assez de compromis : la séparation, avant un engagement plus important, devient une évidence, à moins que le lien amoureux ne soit extrêmement fort ou que les histoires ne soient complémentaires, comme lorsque les partenaires jouent un rôle de réparation psychique l'un pour l'autre. En voici un exemple.

> La famille chrétienne de Julie et celle, musulmane, de Mohammed n'étaient guère ravies de leur rencontre et se sont opposées clairement à leur union. Pour autant, leur histoire était similaire à d'autres égards : ils se sont rencontrés à l'université, tous deux issus de familles qui investissaient l'école de la République ; tous deux étaient des enfants de remplacement, nés peu de temps après le décès d'un aîné. Il a fallu de nombreuses années pour que les belles-familles commencent à s'accepter sans pour autant se fréquenter. La naissance du deuxième enfant du couple a considérablement amélioré la situation : les deux grands-mères ont appris à se téléphoner et, aujourd'hui, un respect mutuel s'est instauré entre les deux clans.

L'homogamie reste en général la règle, cependant. La rencontre n'est pas le fait du hasard et est très liée au contexte social. C'est ainsi que, dans les milieux populaires, on se rencontre surtout dans les lieux publics, tandis que, dans les classes supérieures, c'est plutôt dans des associations, des lieux d'étude, un cadre sportif ou culturel. Pour les cadres et les professions libérales, c'est de préférence dans un contexte privé, chez des amis, lors de fêtes de famille.

S'ajoute à cela un déterminisme inconscient, comme l'a montré Murray Bowen[7] : on rencontre quelqu'un qui a le même degré d'individuation que soi-même. L'empreinte familiale est si déterminante que le degré d'autonomie individuelle peut être évalué très précisément au cours de l'enfance et qu'on peut prévoir son développement dans l'histoire future du sujet en se fondant sur le degré de différenciation des parents et sur le climat émotionnel qui prévaut dans la famille d'origine.

Le mariage est habituellement une association fonctionnelle entre partenaires de même niveau de différenciation individuelle. L'autonomie psychique est acquise dans la famille et par la famille. Chacun fonctionne avec les spécificités qu'il y a acquises. Cette singularité est tributaire des modèles de soin et d'éducation parentaux ; elle se révèle au moment où l'individu quitte sa famille nucléaire et tente de mener une existence indépendante. On constate alors souvent que l'adolescent ou le jeune adulte reproduit le style de vie et de différenciation auquel l'a conduit sa famille d'origine. Ainsi, ceux qui ont eu une vie autonome très tôt souhaitent rencontrer quelqu'un d'autonome plutôt que quelqu'un vivant encore dans le cocon familial. Pour s'intégrer à une famille, il faut en accepter la culture. Ce qui, par exemple, n'est pas le cas de Michel qui supporte mal que sa femme appelle sa mère matin et soir ; très attaché à ses parents, il voit les siens avec plaisir au moment des fêtes de Noël…

La notion d'attachement familial joue aussi fortement, comme l'ont montré les travaux de Daniel Stern[8] reprenant ceux de John Bowlby.

> Lorraine fait partie d'une famille méditerranéenne où les femmes décident de tout. Lorsqu'elle rencontre Fabien, la condition *sine qua non* pour que leur relation se développe est qu'il s'intègre dans sa famille : repas du dimanche, week-end et vacances en famille. Fabien adore sa nouvelle famille. Ses parents habitant l'île de la Réunion, il

les voit moins souvent. Cette distance géographique va lui permettre une grande disponibilité pour s'intégrer dans la famille de Lorraine.

Si on rencontre souvent quelqu'un qui a une histoire personnelle similaire à la sienne, le milieu socioculturel, la profession des parents jouent beaucoup. Aujourd'hui, on peut se rencontrer par le biais d'Internet, mais, là encore, les sites spécialisés mettent l'accent sur les points communs entre les gens et mesurent même le « taux d'affinité ». Les candidats se rencontrent en fonction de critères professionnels, intellectuels, physiques et, dès le début, explorent l'histoire de l'autre afin de trouver des similitudes. On n'est pas très loin du bal du village, sauf lorsque deux personnes vivant sur deux continents arrivent à se rencontrer, mais il faut assurément beaucoup de points communs pour aller jusqu'à créer une relation internationale. La profession peut l'emporter sur la nationalité et la langue maternelle : on peut avoir plus d'affinités avec un avocat londonien qu'avec un pêcheur breton lorsqu'on est un juriste parisien !

Du mariage au divorce : une évolution spectaculaire

Le mariage ne signifie plus la même chose aujourd'hui qu'il y a un siècle ou deux. Hier véritable engagement entre deux familles, il réunit désormais deux êtres qui se sont librement choisis et, souvent, ont cohabité avant de se marier.

Le sentiment amoureux est à la base du choix du conjoint, exigence aujourd'hui très différente des années passées : le bien-être ensemble, la qualité de la vie affective et sexuelle comptent bien plus que la transmission du patrimoine comme c'était le cas auparavant. Le projet de fonder une famille reste la préoccupation première, mais à condition que la qualité relationnelle entre conjoints soit préservée.

Cependant, le point le plus important dans l'évolution de la relation conjugale est certainement l'allongement de la durée de la vie et, par conséquent, de la vie du couple. On se mariait « pour le meilleur et pour le pire » au siècle dernier, mais cet engagement ne valait le plus souvent que pour une vingtaine d'années. Aujourd'hui, en se mariant à 30 ans, on peut fêter des noces d'or (50 ans) ou de diamant (60 ans)… alors même que la durée moyenne des couples est de moins de dix ans. La possibilité de divorcer sans être socialement stigmatisé a modifié le paysage. De plus, l'accession des femmes au monde du travail leur a permis d'assumer des séparations en ayant la possibilité de subvenir aux besoins de leurs enfants, même si la pension alimentaire tarde.

L'émancipation progressive des mœurs et… des femmes !

Le mariage civil, laïque, a été créé le 20 septembre 1792[9]. Cette loi a mis fin à des siècles de mariage uniquement religieux. Elle a également mis en place les règles du divorce. Rappelons qu'au xviiie siècle, une femme qui avait commis un adultère pouvait se retrouver recluse deux ans dans un couvent. Si son mari ne la reprenait pas, elle pouvait y finir ses jours.

Le Code Napoléon en 1804 va toutefois rétablir la puissance paternelle, la puissance maritale, l'infériorité juridique de la femme, la suppression des droits des enfants naturels, le droit de correction paternel. Quant à la Restauration, elle va supprimer le divorce en 1816. Et il faudra attendre soixante-dix ans pour que la loi Naquet de 1884, sous la IIIe République, le rétablisse.

À partir de 1964, enfin, une série de lois interviennent : réforme de la tutelle (1964), réforme des régimes matrimoniaux (1965), réforme de l'adoption (1966), réforme des incapables majeurs (1968), réforme de l'autorité parentale (1970), réforme de la filiation (1972), légalisation de l'interruption de grossesse (1975), réforme du divorce (1975). Ces lois concourent à abolir la puissance paternelle au profit d'une autorité parentale et à établir l'égalité entre les époux. L'autorité parentale partagée contribue à l'égalité : les femmes décident autant que les hommes pour ce qui concerne les enfants.

Ces lois ne font qu'entériner ce qui se joue dans la réalité : la diminution des naissances, l'augmentation des unions libres et des naissances hors mariage et… l'explosion du nombre des divorces. Aujourd'hui, le divorce s'est en effet banalisé. Chacun de nous a des amis qui ont divorcé, des voisins, des parents qui se séparent. Auparavant, les couples restaient ensemble malgré leurs différends. Le divorce était montré du doigt, les femmes avaient peu de ressources propres, etc. Désormais, si les conjoints ne s'entendent plus, ils ne restent pas forcément ensemble même si leurs enfants sont petits, même si la famille fait pression sur eux… Ils diffèrent peut-être leur décision, mais la petite voix qui dit à chacun : « J'ai aussi le droit d'être heureux » se fait entendre.

L'évolution du mariage résumée à travers trois présidents

François Mitterrand a préféré mener une double vie secrète plutôt que de divorcer. En 1981, il est élu. Mazarine sa fille « naturelle » a déjà 7 ans. Il la reconnaîtra en 1984 mais la France ne découvrira son existence qu'en 1994 !

Nicolas Sarkozy divorcera alors qu'il est déjà président de la République (2007) et se remariera pour la troisième fois à l'Élysée (2008).

François Hollande inaugurera également un nouveau statut : il arrive en 2012 à l'Élysée, avec sa deuxième « compagne », dont il se séparera bruyamment, pour cause d'infidélité révélée au grand public.

Pour autant, un couple ne se rompt pas en vingt-quatre heures et un mariage encore moins : « Si la séparation est un événement intime, si la précarité conjugale est un fait de société, le divorce est aussi un acte judiciaire[10] », soulignait Irène Théry. On entre alors dans une phase de « démariage », ancien terme français signifiant la rupture juridique le plus souvent par l'annulation du lien matrimonial. Pourtant, de nombreux couples, s'ils avaient consulté avant de divorcer, auraient incontestablement pu mieux comprendre les raisons de leur rencontre et les fondements de leur couple, puis de leur famille. Ce faisant, ils auraient pu, dans bien des cas, continuer leur histoire avec plus de respect et d'amour. C'est du moins ce que m'a enseigné ma pratique.

CHAPITRE 2

Pas de mariage sans crises, mais comment les dépasser ?

La notion de « cycles de vie » décrit la succession de phases que traverse toute famille depuis sa constitution jusqu'à sa disparition. Les crises sont des périodes de tension qui sont la conséquence de cette évolution naturelle. Celles que nous allons mentionner sont des crises « prévisibles », mais qui modifient l'équilibre de la famille et nécessitent des réaménagements pour les dépasser.

L'annonce du mariage

La demande en mariage, telle qu'elle existait auparavant, le futur gendre allant demander la main de la jeune fille à son père, a totalement disparu. Le couple décide du mariage dans la stricte intimité, puis l'annonce aux parents, suscitant des réactions qui vont de l'enthousiasme à la réprobation en passant par le silence. La future belle-fille et le futur gendre sont en général connus et font déjà partie du paysage familier. S'ils représentent les valeurs de la future belle-famille, ils seront très bien accueillis. Sinon tout est possible !

La décision du mariage est parfois liée à un événement familial. Il arrive que la maladie d'un parent ou d'un grand-parent hâte cette décision, car l'annonce d'un mariage permet d'atténuer la souffrance de la famille ; ce projet montre aussi qu'on est capable d'être autonome, tout en remplissant sa mission de transmission familiale.

L'arrivée d'un enfant peut aussi conduire à la décision du mariage, même si aujourd'hui, grâce à la contraception, on « programme » souvent les grossesses. Il n'y a pas si longtemps, pour « régulariser » une situation jugée scandaleuse, on se mariait à la hâte ! Enfant non désiré, mariage contraint : voilà qui ne préjugeait guère d'un bonheur conjugal durable. La décision peut aussi venir de circonstances extérieures : une mutation, un déménagement, etc.

Quoi qu'il en soit, ce qui devrait être une période particulièrement romantique peut devenir la première vraie crise du couple. Car il s'agit en réalité de la première vraie confrontation des deux systèmes familiaux.

> L'excellent film américain *Mon beau-père et moi*, réalisé par Jay Roach et sorti en 2000, montre Ben Stiller aux prises avec Robert De Niro. Le jeune homme entreprend l'incontournable épreuve des présentations à sa future belle-famille : le séjour tourne mal, il accumule gaffe sur gaffe et subit surtout les pires avanies de la part d'un beau-père tyrannique, ex-agent de la CIA.
> Dans la suite de ce film, *Mon beau-père, mes parents et moi*, du même réalisateur (2004), nous assistons à la rencontre des deux familles : celle de la fiancée, constituée par l'ex-agent de la CIA (Robert De Niro) et sa femme (avec leur mobile-home !) et, d'autre part, celle du héros (Ben Stiller) avec un père (joué par Dustin Hoffman) ex-avocat devenu homme au foyer et une mère (Barbara Streisand) sexologue…

Si les deux familles paraissent « compatibles » au premier regard (même niveau social, même culture, même religion, etc.), des subtilités peuvent toutefois se faire jour : même fond catholique, mais d'un côté une famille très religieuse, tandis que l'autre ne pratique plus guère ; une famille très autarcique (on ne se sépare jamais même lorsqu'on se marie, on vit à moins de cinq cents mètres de ses parents…), alors que, dans l'autre, on ne se voit guère qu'à Noël. Parfois, ces différences de fonctionnement n'émergent que progressivement. Elles renvoient en tout cas à ce que, depuis Antonio J. Ferreira, dans les années 1960, on a pris l'habitude d'appeler le « mythe familial », pour désigner les attitudes du groupe familial qui assurent sa cohésion interne et sa protection externe[1]. Par ce biais, la famille se donne une image d'elle-même à laquelle chacun contribue, parfois au mépris de toute vraisemblance, mais qui repose sur des croyances et des règles plus ou moins explicites qui ont été créées au fil du temps et qui la structurent : la ponctualité ou le retard peut en faire partie ; on ne conduit pas la nuit ; on appelle en arrivant même s'il s'agit d'un trajet d'une heure ; cela peut parfois aller jusqu'à des croyances plus irrationnelles : on ne se marie pas un vendredi 13.

Ces mythes le plus souvent inconscients sont un moyen de résistance au changement et renforcent le sentiment familial. Ils sont à la base de fortes oppositions entre les familles. L'importance des liens affectifs qui donnent lieu à des contraintes de visite pour les uns ou au plaisir des retrouvailles pour les autres en est un exemple : le rituel du déjeuner du dimanche imposant dans certaines familles de rester à table trois ou quatre heures ravit certains, mais est insupportable pour d'autres.

J'ai ainsi rencontré de nombreux couples qui hésitaient à se marier car la présence simultanée des deux familles leur paraissait impossible. Cette situation est à la base d'un film qui a récemment rencontré un très grand succès : *Qu'est-ce qu'on a fait au bon Dieu ?*, de Philippe de Chauveron, sorti en 2014.

Christian Clavier y joue Claude Verneuil, un notable gaulliste marié à une bourgeoise catholique. Ils ont quatre filles : Isabelle, Odile, Ségolène et Laure. Les trois premières sont déjà mariées à des Français issus de l'immigration et de religions différentes : Isabelle a épousé Rachid Ben Assem, musulman d'origine arabe ; Odile est avec David Benichou, un juif séfarade ; Ségolène vit avec Chao Ling, de famille chinoise. Les Verneuil font des efforts, mais peinent à cacher leur racisme lors des réunions de famille. Le père n'est d'ailleurs pas le seul à se lâcher en ces occasions : ses trois gendres ne se ménagent guère entre eux.

Désespérés, les Verneuil espèrent donc que la cadette, Laure, va ramener à la maison un bon catholique. Quand elle annonce que l'heureux élu est effectivement catholique et s'appelle Charles, comme le général de Gaulle, les parents sont ravis et son métier de comédien aisément pardonné.

Lors des présentations, ils découvrent ébahis que l'homme en question est bien catholique, mais… d'origine ivoirienne. Et ce n'est pas tout. À l'heure de faire la connaissance des parents de Charles, les Verneuil découvrent que le père est un ancien militaire rigide qui n'a pas « digéré » la colonisation blanche en Afrique. Le mariage aboutira-t-il ? Le couple formé par les parents résistera-t-il ?

Souvent, l'organisation du mariage met en avant des points cruciaux que le couple n'a pas encore élaborés : le poids de la religion ; la distance émotionnelle au sein de chacune des familles ; l'importance de la parentèle ; le rapport à l'argent (sujet qui transparaît dans la plupart des conflits conjugaux) et aussi des « secrets familiaux » plus ou moins importants. Faut-il, par exemple inviter l'oncle Frédéric qui est responsable de la faillite de l'entreprise familiale fondée par le grand-père ? La cousine Marjorie ne risque-t-elle pas de faire son *coming out* et de venir avec sa compagne ? Faut-il une grande fête impliquant la famille élargie ou une simple cérémonie en petit comité ? Un événement mondain ou une célébration informelle ? Ne serait-ce que la façon de gérer l'organisation du mariage peut conduire à une rupture !

Yves raconte comment l'organisation parfaite de ses fiançailles l'a conduit à quitter sa promise. Sa future belle-mère a certes très bien organisé la soirée, mais d'une façon totalitaire et blessante pour ses parents. Comme Yves vient d'une famille peu fortunée, sa belle-mère a annoncé qu'elle ne demanderait rien à ses parents, qui se sont sentis humiliés. Yves n'a pas eu son mot à dire et ne s'est pas retrouvé dans cette somptueuse soirée habillée, lui qui vit en jean toute l'année.

Cette belle-mère totalitaire, sa fiancée soumise alors qu'elle avait 33 ans, sa famille disqualifiée : c'était trop. Sans avoir les mots pour l'expliquer, il a décidé de partir, car il s'est dit qu'il n'aurait jamais la possibilité de se faire entendre, d'autant que sa fiancée était, avec trente ans de moins, le sosie de sa mère. Face à ce matriarcat, il a préféré fuir.

Julien, dans la même configuration familiale, a réagi différemment en organisant un mariage à Las Vegas : sa future femme s'était rendu compte du côté excessif de sa famille et avait accepté sa proposition. Quant à André, il n'osera pas annuler son mariage, mais il aura le même ressenti que Julien et Yves : il quittera brutalement son épouse trois mois après la naissance de leur enfant.

Plus expéditive, Jennifer annulera (avec la bénédiction de ses parents) son mariage huit jours avant la date prévue. Depuis le début de l'organisation de la cérémonie, plusieurs mois auparavant, son futur époux Michel se révélait de plus en plus autoritaire, tatillon, contrôlant tout. Les contacts avec la future belle-famille étaient tendus, angoissants. Jennifer avait en face d'elle un couple mère-fils qui la disqualifiait. L'exigence de Michel de déménager pour s'installer dans un appartement situé dans le même immeuble que ses parents a été la goutte qui a fait déborder le vase.

Ces difficultés sont symétriques et nombreux sont les couples qui vivent au moment du mariage les premières difficultés.

Jeanne a compris durant l'organisation de son mariage combien sa future belle-mère était distante, voire inaffective. Elle se sentait toisée dès qu'elle émettait un souhait. Sa future belle-mère lui faisait sentir ses origines sociales modestes. Quant à son futur mari, Harry, il n'avait pas l'intention de prendre parti et insinuait que c'étaient des « affaires de femmes » et qu'elles n'avaient qu'à s'arranger entre elles. Ce furent les prémices de leurs différends. Ce fut aussi la première allégation de Jeanne lors de notre première consultation de couple.

Quelques entretiens permirent à Jeanne d'expliquer clairement, malgré son émotion, ce qu'elle ressentait. Harry comprit à cette occasion à quel point sa mère était maladroite et combien elle avait du mal à accepter sa future belle-fille : au fond, aucune femme n'était assez bien pour son fils ! Les origines sociales ont pesé également dans cette histoire de femmes, mais d'une façon subtile. Jeanne venait d'une famille modeste, mais son éducation était similaire à celle d'Harry. Tous deux avaient étudié dans une école de commerce et avaient une situation professionnelle similaire. Et la mère d'Harry enviait secrètement sa belle-fille, car elle n'avait pas fait d'études supérieures. Heureusement, après cinq séances de consultation auprès d'un thérapeute familial, ce couple put repartir sur de meilleures bases, confiant en son avenir.

On voit la complexité des liens pour des mariages classiques, mais on peut imaginer ce qu'il en est quand il s'agit d'organiser les festivités avec des familles d'origine divorcées, recomposées, etc.

Éléonore a souhaité inviter à son mariage toutes ses belles-mères et les cinq ont répondu présentes. Son père avait en effet vécu avec plusieurs femmes (officiellement et successivement !) et elle avait gardé des liens amicaux avec elles. En revanche, elles, elles avaient du mal à se regarder pacifiquement. Malgré les années, des jalousies, des rivalités, des contentieux se faisaient sentir.
Le film *Mariages !*, réalisé en 2004 par Valérie Guignabodet, souligne les clashs et maladresses au détour d'une cérémonie de mariage : lors d'un mariage de jeunes gens de 25 ans, les témoins âgés de 35 ans se déchirent et les parents, divorcés, se retrouvent et tentent de se réconcilier. On suit ces trois couples pendant vingt-quatre heures lors de cette noce perturbée par les doutes et les crises de chacun.

Lors des séances de thérapie de couple, je demande souvent aux couples de raconter ce qu'ils ont appris lors de l'organisation de leur mariage. Cela leur permet de se remémorer les premiers moments de bonheur, mais aussi de raconter des anecdotes ayant trait aux premières difficultés avec les belles-familles, aux premiers malentendus. On pourrait d'ailleurs écrire tout un ouvrage consacré aux brèves de mariage à partir du discours des parents et des beaux-parents. Combien de dérapages dans des prises de parole, parfois un peu alcoolisées ! Les lapsus fusent souvent (« ma femme » à la place de « ma fille », par exemple), tout comme les évocations peu élogieuses du passé des enfants (« Je pensais qu'il (elle) ne se marierait jamais » ; « Elle qui était si capricieuse quand elle était petite ! », « Quand il a raté son bac pour la troisième fois… »).

Jules de Saint, issu d'une vieille famille catholique aristocratique, épouse Djamila, née en Algérie d'une famille musulmane très simple. Il est tombé fou amoureux de cette jolie jeune femme, qui s'est retrouvée enceinte rapidement. Le mariage aura lieu d'une part dans la propriété familiale et d'autre part de façon plus traditionnelle, autour d'un couscous géant dans la famille de Djamila. Comme dans tous les contes de fées, tout le monde a mis du sien pour que les fêtes soient réussies, mais il n'y a guère eu mélange. Au château, seuls les parents et l'un des frères de Djamila étaient présents. À Trappes, où réside la famille de Djamila, seuls les parents de Jules sont venus. Le couple divorcera deux ans après.
Ici encore, des entretiens auraient permis d'aider ces deux jeunes gens à construire une relation plus sereine ; les deux familles avaient déjà fait pas mal d'efforts l'une vers l'autre pour se rencontrer. L'arrivée un peu trop rapide d'un enfant dans ce couple a sans doute contribué à faire exploser une union où les différences d'éducation et de culture, très fortes, n'ont pu être suffisamment anticipées.

L'arrivée du premier enfant : le risque du baby-clash[2]

La grossesse et l'arrivée d'un enfant réaménagent les relations conjugales. La jeune mère, centrée autour de son futur bébé, est moins disponible. Si la grossesse se passe bien, l'évolution est progressive, mais si elle se complique de nausées, de contractions, de repos au lit, c'est plus difficile à gérer. La sexualité du couple s'en trouvera d'autant plus modifiée. Désir augmenté ou bien choix de l'abstinence en raison des difficultés de la grossesse ou de la crainte de « faire mal au bébé » : l'homme et la femme n'ont pas toujours des désirs similaires.

La maternité aggrave l'inégalité au sein du couple : l'arrivée du bébé accroît les tâches ménagères, qui restent en général l'apanage des femmes. François de Singly l'évoque dans ses ouvrages : plus les femmes sont diplômées, moins elles effectuent de travail domestique. Le compagnon ne prend pas pour autant le relais en augmentant son temps de présence, mais le couple fait appel à des femmes de ménage, à des nounous, à des baby-sitters, etc. En particulier lorsque les grands-mères travaillent ou habitent loin.

L'arrivée d'un premier enfant est une vraie révolution, bien plus qu'une évolution : c'est un moment de resserrement des liens familiaux, qui fonde la famille et permet aux futurs grands-parents d'accéder à une nouvelle étape de leur vie.

Certains le sont déjà lorsque l'un de leurs aînés a déjà eu des enfants, mais chaque naissance reste une étape pour les générations antérieures. Une dame âgée à qui on annonçait qu'elle allait devenir arrière-grand-mère commentait ainsi la situation : « Ce n'est pas ça qui est compliqué, c'est plutôt de savoir que mon fils va être grand-père, ça me donne un coup de vieux. »

Les jeunes parents, peu habitués à vivre auprès de jeunes enfants et à s'en occuper, découvrent la parentalité, ses joies, ses angoisses (une bronchiolite, une diarrhée…), ses obligations, la dépendance aux modes de garde. Le bonheur de l'arrivée d'un enfant a surtout pour pendant l'anxiété des parents sur leur capacité de bien faire. La culpabilité les accompagne constamment. La différence de vécu pour la mère et pour le père est alors à l'origine de conflits ou de malentendus.

Une mère peut être paniquée devant une fièvre qui ne cède pas en quelques jours, alors que le père reste confiant sur le traitement prescrit par le pédiatre. Combien de consultations hospitalières en urgence pour des inquiétudes parentales ? Les jeunes parents sont de moins en moins entourés par leurs familles d'origine, et parfois, ce sont même les grands-parents qui viennent renforcer ces inquiétudes, quand ils se sentent eux-mêmes dépassés : « Tu comprends, quand tu étais petit, c'était il y a si longtemps. J'ai oublié comment je faisais et les traitements étaient différents. »

De nombreux pères ne trouvent pas leur place au début, ils ressentent leur femme complètement envahie par leur jeune enfant. Ils peuvent alors aller chercher à l'extérieur la disponibilité psychique et physique qu'ils ne retrouvent plus à la maison. Voici deux exemples opposés d'organisation autour d'un jeune bébé qui ont déclenché des ruptures.

> Alice et Jean-Baptiste ont été formidablement heureux lorsque leur petit garçon Noa est né. Alice a découvert l'allaitement et en a fait une priorité… si bien qu'à un an et demi, elle continuait. Elle a du coup demandé un congé parental. Jean-Baptiste a été ravi de voir à quel point sa femme s'impliquait dans sa vie de mère, mais, au bout de quelques mois, il s'est senti déprimé. Sa femme vivait au rythme du bébé ; elle se couchait à huit heures « pour être en forme pour le bébé » ; elle ne parlait plus que de qualité des couches, des rots, etc. Elle refusait de confier à quiconque autre que son mari leur bébé. Ils n'étaient donc jamais sortis depuis la naissance du bébé et ne recevaient plus, car Alice n'avait pas assez de temps pour s'occuper de la maison. Évidemment, ils n'avaient pas repris de vie sexuelle depuis l'accouchement. Jean-Baptiste a commencé à rentrer de plus en plus tard car il allait boire un verre avec ses collègues après le travail. Cela arrangeait Alice. Jusqu'au jour où une jeune collègue a commencé à s'intéresser à Jean-Baptiste. Il s'est aperçu que, avec elle, il riait, ce qui ne lui arrivait plus. Une complicité s'est créée. Un an après, Jean-Baptiste a annoncé à Alice qu'il voulait la quitter. Alice s'est écroulée, elle n'avait pas imaginé cela. Une consultation de couple eut lieu en urgence. Tous deux purent prendre du recul. Sous le choc, Alice changea radicalement. Elle n'eut aucun mal à perdre les kilos qu'elle avait pris pendant sa grossesse, et Jean-Baptiste

retrouva une femme plus féminine et davantage à son écoute. La complicité revint, et ils purent poursuivre leur chemin ensemble.

Gilles et Laure travaillent tous les deux comme avocats d'affaires, ce qui veut dire stress, réunions tardives, dossiers urgents et déplacements fréquents. À la naissance de Chloé, Laure a repris ses dossiers très vite et est retournée au bureau trois semaines après son accouchement. La nounou recrutée s'est avérée peu fiable ; il n'y avait pas de place en crèche ; il a fallu jongler entre des jeunes filles et la gardienne d'immeuble pour garder Chloé, etc. La petite était tout le temps malade et, durant la nuit, elle se réveillait plusieurs fois. Le couple était épuisé. Ils ont donc décidé de s'occuper séparément du bébé un jour et une nuit sur deux.

Éreinté, le couple eut néanmoins la présence d'esprit de consulter pour se faire aider. Ils comprirent très vite qu'ils couraient au désastre. Je leur proposai, comme dans de nombreux cas, de commencer par passer tous les deux une soirée ensemble, non pas à discuter mais à partager un moment agréable (un film, un spectacle). La consultation porta ses fruits en les aidant à mieux s'organiser. Ils firent appel aux grands-parents, aux oncles, aux tantes, pour les relayer auprès du bébé. Quelque temps après, Gilles et Laure avaient retrouvé confiance et complicité.

L'arrivée d'un nouvel enfant

Les couples se posent souvent la question d'avoir un deuxième enfant… et quand ? Ils appréhendent ce changement d'équilibre qui va s'opérer : « On est si bien tous les trois, qu'est-ce qui nous prouve que cela sera aussi bien avec un second ? » Ils ont toutefois acquis l'expérience de la parentalité, appris à s'occuper d'un tout petit, mais ils ont ressenti, malgré l'immense bonheur d'être parents, les tensions, la difficulté de retrouver une intimité. Et ces questions se reposeront pour l'arrivée d'un autre enfant…

J'ai ainsi rencontré un couple de spéléologues qui s'interrogeait sur le fait d'avoir un deuxième enfant : avec un, c'était déjà compliqué en raison de la particularité de leur métier et du peu d'aide qu'ils recevaient de leurs belles-familles. Au cours des entretiens que nous avons eus ensemble, ils réfléchirent avec beaucoup de maturité à leur désir d'enfant, à leur mode de vie, à l'équilibre qu'ils avaient construit. Leur décision de ne pas avoir de second enfant fut le fruit d'un vrai cheminement. Ce travail d'élaboration leur permit aussi d'éviter ce que l'on observe parfois : le renoncement à un enfant par l'un des membres du couple et le regret qui pèse lourdement, mais s'exprime trop tard.

Souvent, un premier enfant turbulent retardera l'arrivée d'un second alors qu'un bébé sage et régulier dans ses rythmes fera imaginer que le second sera pareil...

La crise du milieu de vie et l'adolescence des enfants

La crise du milieu de vie constitue un autre de ces passages difficiles : l'approche de la cinquantaine, les premiers cheveux blancs, les premières rides font s'interroger les uns et les autres sur leur pouvoir de séduction. À ce moment, l'adolescence des enfants n'est pas neutre : elle réactive les souvenirs de ses premières amours et interpelle au plus profond de soi-même. Enfin, le départ des enfants oblige le couple à redéfinir son fonctionnement : vivre de nouveau à deux n'est pas toujours simple après des années où la famille a pris le pas sur le couple.

Ces étapes de la vie remettent en question la relation et une infidélité révélée ou découverte à ces moments perturbants la met davantage encore en péril. L'infidélité peut être alors le prélude à la séparation, tandis qu'à un autre moment, elle aurait eu moins de conséquences... Dans les faits, une thérapie familiale, parce qu'elle introduit la distance qui manque à la réflexion, permet souvent de mieux voir comment surmonter cette crise inéluctable.

Quand le nid se vide

La métaphore du nid vide renvoie à l'image des oisillons qui le quittent pour prendre leur envol, tout comme les adolescents partent de la maison pour vivre leur vie. Cette période complexe commence lorsque le premier enfant quitte la maison et devient manifeste lorsque le dernier part lui aussi, laissant le couple dans un nouveau tête-à-tête qu'il n'avait pas toujours anticipé. Cette étape normale du cycle de vie induit une crise obligatoire du couple et a des conséquences sur l'ensemble du système familial.

Cette phase résonne bien souvent avec l'entrée des grands-parents dans leur dernière période de vie. Les parents sont confrontés à une double séparation : le départ de leurs enfants et le vieillissement, la maladie, voire le décès de leurs propres parents. L'équilibre antérieur est rompu et certains ne surmontent cette épreuve qu'avec difficulté[3]. C'est pourquoi il est important d'anticiper ces moments charnières. Quelques entretiens de couple permettent dans une majorité de cas de mieux gérer ces périodes de deuil et de soutenir les couples en les aidant à trouver ou retrouver leurs fondamentaux.

> Romain et Diane ont perdu chacun leur mère à un mois d'intervalle, après deux années difficiles passées à gérer leur maladie et leur handicap. La même année, leur fille aînée Anne a été acceptée dans une université en Nouvelle-Zélande, ce qui contribua à les ébranler davantage. Certes, Anne fit de son mieux pour être présente *via* Facetime et Skype mais elle manquait terriblement à ses parents, très éprouvés. Heureusement, Jérôme, le petit frère, décida de rester après son bac auprès de ses parents pour ne pas les laisser seuls…

Des rituels de séparation devenus très souples

Dans nos sociétés, le départ des enfants n'est pas formalisé comme dans d'autres par un rite de séparation. Le mariage, pendant longtemps, remplissait en partie ce rôle : on partait « la bague au doigt » pour les jeunes filles et nombre de garçons restaient dans leur famille jusqu'à leur mariage, sauf si l'exercice de leur métier les conduisait au loin.

L'autonomie financière a représenté pendant longtemps la condition nécessaire pour quitter la famille, nécessaire pour les garçons, mais pas suffisante pour les filles qui ne devaient pas « perdre leur honneur » et se marier avant tout. L'accession à un métier n'était pas autant valorisée pour les filles que pour les garçons.

Aujourd'hui, les jeunes garçons et filles peuvent cohabiter ensemble sans être mariés et bien souvent partager le toit parental. Les parents acceptent assez facilement que leurs enfants viennent chez eux avec leur petit copain ou copine et même cohabitent avec eux.

Cette situation peut aussi engendrer des tensions entre les parents qui ne partagent pas la même vision de l'autonomie.

Des loyautés invisibles

Logiquement, les jeunes partent de la maison en fonction de leur rang d'âge, mais parfois l'ordre s'inverse et des rôles secrets sont assignés à certains : une fille aînée ne partira pas tant que tous ses frères et sœurs ne seront pas élevés ; un garçon jouera un rôle de soutien vis-à-vis de son père ou de sa mère, pour réparer les absences ou l'infidélité de l'un ou l'autre ; un enfant « préféré » aura plus de mal à partir car il est l'objet d'un surinvestissement, etc.

Laisser une mère divorcée seule n'est souvent pas facile pour un enfant, par crainte qu'elle déprime. Nombreux sont les adolescents qui jouent malgré eux le rôle de consolateur ou de « parent » de leur propre parent. C'est ainsi qu'une jeune fille s'était mise dans la tête qu'elle ne pourrait partir de la maison que si sa mère retrouvait un compagnon, au point qu'elle n'a eu de cesse de l'inscrire sur des sites de rencontre. Laisser sa mère seule était une source d'angoisse permanente car, auparavant, elle avait déjà fait deux tentatives de suicide. Bien des enfants se sacrifient ainsi pour ne pas laisser leurs parents seuls ou de crainte que le couple parental ne se sépare. Ils se vivent comme le ciment du couple, et souvent ils le sont !

Dis-moi comment partent tes enfants, je te dirai comment, toi, tu es parti(e)

Le départ des enfants a toujours un lien avec la façon dont on a soi-même quitté sa famille d'origine. D'où l'importance d'ailleurs de la crise que ce départ occasionne, par un jeu d'échos.

Dans la famille A, on se transmet l'entreprise de génération en génération ; donc, on peut partir étudier, mais il est important de rester pour apprendre les règles de l'entreprise. Dans la famille B, on reste jusqu'au mariage chez ses parents alors que, dans la famille C, on part étudier après le bac dans une autre ville, le lieu d'habitation étant éloigné de toute université. Pour les D, il est important de montrer une créativité et une autonomie à la manière des parents auparavant, le père ayant fait le tour de France avec un cirque et la mère s'étant engagée dans la voie humanitaire. Chez les E, étudier à l'étranger fait partie des habitudes familiales, alors que les F ont un fonctionnement clanique : toute pièce rapportée doit vivre dans le même village. Chez les G, on part dès qu'on a réussi son bac, tandis que, chez les E, on attend de finir de longues études et on ne part pas avant d'être complètement autonome.

Les études supérieures sont souvent la cause d'un départ au loin, de plus en plus à l'étranger. Toutefois, la séparation n'est pas toujours complète pour autant, de nombreux jeunes, leur diplôme en poche, réintégrant la demeure familiale, ce qui n'est d'ailleurs pas toujours aisé après qu'ils ont vécu seuls ou en colocation pendant quelques années.

Tout dépend aussi de l'ambiance familiale

Si l'ambiance est harmonieuse, on restera plus longtemps. Pas facile en effet pour certains de se retrouver seuls, surtout si les parents n'ont pas anticipé cette étape d'autonomie. De même, si l'un des parents est malade, on éprouve plus de mal à se séparer. La culpabilité de laisser un parent est plus souvent présente qu'on ne le pense. Cette situation est aussi marquée dans des familles à transaction dépendante : par exemple, laisser sa mère sous le joug d'un père alcoolique et violent peut paraître impensable pour le fils ou la fille. Partir serait renoncer à la protéger.

Dans les familles recomposées, les enfants du premier lit ont tendance à partir plus tôt de la maison, surtout si les liens avec le beau-père ou la belle-mère s'avèrent tendus. De même, les enfants de parents divorcés peuvent partir vivre chez « l'autre » pendant une période de temps variable, jouant parfois d'allers-retours d'une maison à une autre sans pour autant élaborer un processus de séparation, ce qui oblige à une certaine souplesse de fonctionnement. Cette situation a pour corollaire d'obliger les parents à vivre de courtes périodes sans leur enfant et à s'habituer ou plutôt à composer avec l'absence : le départ définitif leur fait parfois revivre les souffrances de leur divorce.

Père et mère ne réagissent pas de la même façon

Le départ des enfants n'est pas toujours vécu de la même façon par les deux conjoints. Selon l'enfant, selon le lien créé avec lui, selon les investissements des uns et des autres, le vide du départ est ressenti différemment.

Nombreuses sont les mères qui ont consacré beaucoup de temps à l'éducation de leurs enfants. Certaines ont fait le choix de rester à la maison, de renoncer à une carrière professionnelle pour les élever. Et même si beaucoup travaillent aujourd'hui à temps partiel ou à temps plein, alors qu'elles ont plusieurs enfants, elles sont en « majorité » en première ligne pour l'éducation et les problèmes de santé. On comprend donc que le départ soit plus difficile à vivre pour celles qui n'ont pas eu d'autres investissements dans leur vie. Même si leurs relations ont pu être conflictuelles, cela peut engendrer parfois un véritable état dépressif. Ce temps libre dont on a rêvé devient un temps d'ennui, de désinvestissement. Une période de réadaptation est alors nécessaire pour reconstruire une nouvelle vie. Dans ce cas de figure également, il peut être utile de consulter…

Un double deuil complexe à vivre

Cette concordance de temps entre le départ progressif des enfants et l'entrée des parents dans leur dernière phase de vie est difficile à vivre. Même si ce passage s'effectue sur plusieurs années, ce double deuil s'avère complexe.

> Je revois Gilles et Chloé que j'ai suivis il y a quinze ans en thérapie de couple. Ce couple avait vécu une crise conjugale assez importante à la naissance de son deuxième enfant. Après quelques séances pendant un an, ils s'étaient un peu retrouvés et je n'avais plus eu de nouvelles d'eux pendant quinze ans.
>
> Ils reviennent me voir car ils vivent une situation plus difficile : Gilles a décidé de quitter Chloé. Ils étaient en vacances aux Antilles quand il lui a annoncé qu'il avait pris la décision de partir quelque temps pour faire le point.
>
> Plusieurs éléments concourent à cette situation.
>
> Gilles et Chloé ont trois enfants : un garçon et deux filles. L'aîné est parti de la maison pour aller étudier en Angleterre, ce qui a modifié tout l'équilibre familial. Son fils aîné étant très proche de Gilles, celui-ci s'est trouvé un peu isolé par rapport au clan des « femmes » : Chloé et les deux filles.
>
> Le point le plus important est qu'il a perdu sa mère après plusieurs mois d'une hospitalisation très difficile et douloureuse pour elle. La

famille de Gilles s'était réunie pour pouvoir payer des soins complémentaires et une aide 24 heures sur 24 et 7 jours sur 7. Gilles avait déjà perdu son père deux ans auparavant.

De nombreux malentendus sont apparus pendant ces longs mois au cours desquels Gilles a fait des allers-retours pour soutenir sa mère. Il a renoué des relations très proches avec ses frères et sœurs qui n'avaient jamais intégré Chloé dans le clan.

C'est probablement le deuil de Gilles qui explique aujourd'hui la crise existentielle qu'il vit et qu'il reporte sur le couple en disant qu'il a envie de changer de vie.

Un travail personnel et, simultanément, des entretiens de couple ont permis à Gilles d'élaborer le deuil de ses parents, mais aussi de réaliser à quel point il était lié à Chloé. En fait, ce couple a su consulter à deux étapes importantes de son cycle de vie, prenant chaque fois conscience de ce qu'ils avaient construit et de ce qu'ils avaient encore en commun.

Il arrive que le processus de séparation des enfants se fasse plus brutalement que prévu, lorsque plusieurs enfants quittent la maison en même temps et, de même, quand certaines familles sont confrontées à plusieurs décès grands-parentaux en quelques mois. Le temps d'élaboration psychique n'est alors pas suffisant et laisse les plus fragiles dans un état de stupeur ou de dépression.

Quoi qu'il en soit de ces diverses situations, après une trentaine d'années de vie commune, parfois, donc beaucoup entouré d'enfants, le couple n'est pas toujours prêt à se retrouver en tête à tête. Pendant longtemps, le dialogue a tourné autour des enfants. Réinvestir son couple dans une période où la ménopause et l'andropause arrivent, où la fin d'une carrière professionnelle se profile n'est pas toujours aisé. Nombreux sont ceux qui n'ont pas anticipé cette période. Le vide est là. Le couple n'a pas toujours de centres d'intérêt communs, les chemins de vie se sont éloignés. On ne se supporte plus. Les disputes augmentent ou l'indifférence est là. C'est pourquoi de nombreux couples d'aujourd'hui se séparent après le départ des enfants et le décès des grands-parents.

Jamais Jean et Marie n'avaient imaginé que le départ successif de leurs trois enfants entraînerait peu de temps après leur séparation. Ils étaient mariés depuis trente ans et formaient aux yeux de tous une « famille idéale, avec des enfants sans problème ». L'aîné, Marc, après un premier stage à l'étranger à Barcelone, décida de rester en Espagne et rencontra une jeune Espagnole. La deuxième de la fratrie, Laurence, très proche de sa mère, décida d'ouvrir une ligne de vêtements à Shanghai, après ses études de stylisme. Seul le cadet resta en France, mais loin de ses parents, s'engageant dans une école d'aviation dans le Sud.

Marie avait abandonné son métier de comptable pour élever ses enfants. Elle ressentit un vide immense à leur départ. Jean travaillait beaucoup, elle était désœuvrée et se laissa envahir par des sentiments dépressifs qu'elle n'avait jamais connus auparavant.

Lui montrait des signes de lassitude évidents, les dîners restaient silencieux, ou tendus. Ils n'avaient plus grand-chose à se dire. Les reproches se multipliaient : il ne comprenait pas pourquoi ses enfants étaient si loin ; elle répondait qu'il avait tout fait pour les faire partir loin en vantant l'intérêt des expériences professionnelles à l'étranger, lui qui ne voyageait jamais.

Se sentant de plus en plus mal, Marie décida de partir pour retrouver sa famille d'origine et essayer de changer de vie. Sa mère vieillissait et réclamait sa présence. Deux ans après leur séparation, ils se retrouvaient lors des visites des enfants, comme deux étrangers.

Il est fondamental d'anticiper cette période de la vie, de réfléchir à la façon de vivre en couple après le départ des enfants, en attendant d'être grands-parents. Il ne faut pas oublier non plus que cette crise nécessaire peut aussi apporter du renouveau dans un couple. Libéré des contraintes et des confrontations liées à l'éducation des enfants, il peut retrouver un peu de la liberté que chacun a vécue dans sa jeunesse et aussi revivre les premiers moments de leur vie commune, sans l'obligation de rentrer à l'heure pour le dîner des enfants, en pouvant sortir le soir, dormir plus tard le matin, se lancer dans de nouvelles activités.

Bien préparé, ce moment de la vie où l'on se retrouve à deux, sans les enfants, peut être une occasion de renaissance.

Bernard et Claudia, 63 et 68 ans, ont décidé non pas de prendre leur retraite, mais un nouveau départ. N'ayant pas une retraite suffisante, ils ont choisi d'aller s'installer en province, dans un petit village, et de reprendre l'épicerie qui est à vendre. Ils sont très heureux de changer ainsi de vie, d'avoir une activité nouvelle qu'ils créent de surcroît ensemble. Ils ont eu l'impression de s'installer « comme de jeunes étudiants », achetant des meubles dans des brocantes pour aménager la vieille ferme qu'ils viennent d'acquérir. Ils ont opté pour un village desservi par une gare pour qu'enfants et amis puissent leur rendre visite. Ils n'ont jamais été aussi heureux.

CHAPITRE 3

Pourquoi se sépare-t-on ?

L'infidélité

« Si vous n'étiez pas des mufles, vous seriez aussi gentils chez vos femmes que chez nous ; et si vos femmes n'étaient pas des dindes, elles se donneraient pour vous garder la peine que nous prenons pour vous avoir[1] », lance Nana, sous la plume d'Émile Zola, à la grande époque des maisons closes et des demoiselles entretenues.

Depuis les années 1960 surtout, les changements dans la vie privée et dans les mœurs ont été considérables. La contraception grâce à la pilule (loi Neuwirth de 1967), la légalisation de l'avortement (loi Veil de 1975), les modifications de la législation concernant le divorce, la reconnaissance des enfants adultérins (1972), l'acceptation de l'homosexualité, le vote de la loi sur le Pacs (1999), puis le mariage pour tous (20 mai 2013) ont contribué à changer la donne conjugale.

Même si, au cours de l'histoire, les mœurs ont parfois été plus libres que dans notre monde occidental sous influence chrétienne, par exemple à Babylone, en Mésopotamie, ou bien à Athènes, où les amours masculines faisaient partie des rites initiatiques, lors du passage des jeunes hommes à l'âge adulte, la monogamie est longtemps restée massivement de règle. En tout cas, une monogamie partielle : l'époux n'était guère contraint à la fidélité, mais pas la femme, répudiée et même lapidée si l'homme perdait son honneur lorsqu'elle « fautait ». Même à Rome, où l'homme pouvait avoir des concubines et fréquenter des courtisanes, l'adultère était un crime[2].

L'Occident, appuyé par l'Église catholique (souvenons-nous des invectives de saint Paul contre la femme adultère), aurait condamné le plaisir et valorisé la chasteté. Une hypothèse aujourd'hui paraît évidente : l'infidélité de la femme pouvait brouiller la filiation, à la différence de celle de l'homme. Or la transmission du patrimoine et du patronyme constituait le fondement de la famille.

À propos de l'adultère féminin, Marilyn Yalom fait observer : « Tous ces récits d'adultère féminin sont probablement nés du fait que les mariages au sein de la noblesse, à l'époque, découlaient rarement d'affaires de cœur. [...] Il était courant pour une fille nubile – dès 15 ans – d'être mariée, pour des raisons de propriété et de rang, à un homme beaucoup plus vieux. On ne s'étonnera donc pas qu'elle ait rêvé d'un beau chevalier de son âge avec qui elle pourrait partager des transports inconnus dans la vie conjugale. » Globalement, « il est impossible de savoir à quel point l'adultère féminin était une réalité. Les épouses prises en flagrant délit risquaient d'être chassées du foyer d'un mari irritable, mais elles n'étaient plus envoyées au bûcher, comme cela avait pu être le cas plus tôt – dans la Rome antique, par exemple, qui prônait la mort tant de la femme que de son amant. Au XIIe siècle, en France, la loi canon réglementait déjà le mariage et sa condamnation de l'adultère s'était énormément adoucie depuis l'Antiquité. On y lit que "nul homme ne peut tuer son épouse adultère". En fait, si un mari ne voulait pas rejeter sa femme adultère, c'était lui qui devait faire pénitence pendant deux ans. [...] Quant à l'adultère commis par les hommes, il n'a jamais été considéré comme une cause suffisante pour qu'une femme abandonne son mari. Il fallait, pour en arriver là, des circonstances aggravantes, telles que la présence de la maîtresse du mari sous le toit conjugal[3]. »

Désormais, au contraire, le problème de la filiation ne se pose plus dans les mêmes termes : on peut retrouver une paternité grâce à des tests ADN et les lois sur l'héritage s'appliquent en France aussi aux enfants nés hors mariage. « Avant d'être une valeur morale, la fidélité est une nécessité sociale qui s'organise autour de la constitution d'un pacte régi par des règles fixes. Les règles changent selon les époques, les lieux, les domaines. Mais elles existent[4] », remarquait Cécile Wajbrot.

La fidélité varie selon des données socioculturelles, selon l'histoire de la relation du couple et sa durée, le vécu différant selon le sexe. L'amour, je l'ai dit, est désormais une composante essentielle du couple. Cette alchimie des sentiments se rattache inévitablement à notre histoire personnelle (complexe d'Œdipe plus ou moins résolu, souvenirs et traumatismes occultés par l'inconscient, expériences affectives antérieures) ; elle est régie par les fibres invisibles de nos loyautés familiales. En outre, si le sentiment amoureux est désormais un élément essentiel de la relation de couple, avec des déclinaisons qui varient selon les partenaires (importance de l'admiration, de la sécurité, de la tendresse, de la présence, etc.), la sexualité a également pris une place fondamentale : l'épanouissement sexuel a supplanté le « devoir conjugal », lequel est pourtant toujours mentionné dans la loi, puisque la non-consommation du mariage est un motif de divorce. Nous évoquerons dans les pages qui suivent la fidélité et l'infidélité dans le contexte des liens de couple, que les partenaires soient mariés, pacsés ou vivent sans liens juridiques. Compte tenu de l'évolution sociale, il est évident que la notion de fidélité s'inscrit désormais plus dans un contrat moral que juridique.

Ce qui est infidélité et ce qui ne l'est pas : une définition variable selon les couples

La fidélité dans le couple, mentionnée par le Code civil et rappelée par le maire lors du mariage (« Les époux se doivent mutuellement respect, fidélité, secours et assistance »), est le plus souvent entendue comme sexuelle : la fidélité des corps fait partie des règles implicites établies par les couples. Cependant, nous savons bien que des relations de désir, des liens affectifs intenses peuvent se nouer sans contacts sexuels. Des relations d'amour platoniques peuvent ainsi interférer dans la relation du couple.

> Simon et Carole se sont beaucoup disputés à cause de Fritz. Simon était persuadé que sa femme le trompait avec ce dernier. Fritz vivait dans le même quartier et était au chômage. Aussi allait-il chercher sa fille tous les jours à l'école. C'est là qu'il avait fait la connaissance de Carole, qui venait chercher la sienne. Et ils avaient commencé à passer beaucoup de temps ensemble puisque leurs filles s'entendaient bien.
>
> Carole avait beau expliquer à son mari qu'il n'y avait rien entre eux, Simon était soupçonneux, jaloux. Il était exclu de cette relation et ne supportait pas la complicité de sa femme avec un autre homme. Les entretiens de couple leur ont permis de clarifier cette situation et surtout de comprendre qu'ils devaient retrouver une complicité, des moments pour leur couple. Carole a aussi décidé de reprendre une activité professionnelle et de s'investir autrement que dans les sorties d'école avec Fritz.

Même au plan sexuel, certains débattent de ce qui est de l'infidélité et de ce qui n'en est pas. Souvenons-nous par exemple du scandale de Bill Clinton avec Monica Lewinsky : interrogé devant le monde entier, le président américain expliquait qu'il n'avait pas eu de relations sexuelles avec elle, mais seulement des « relations inappropriées ». « Aujourd'hui encore, observe Marilyn Yalom, l'adultère n'est pas stigmatisé en France comme aux États-Unis. Mes amis français n'ont pas réussi à comprendre tout le tohu-bohu autour de l'affaire Bill Clinton avec Monica Lewinsky[5]. »

Nous touchons là au fonctionnement interne du couple, à ce qui régit son intimité. La fidélité est en effet variable d'une famille à une autre. Les définitions sont plus ou moins floues et les compromis nécessaires au fonctionnement conjugal. Ce qui fait éclater les couples, ce n'est donc pas tant l'infidélité en soi que la compréhension de ce que signifie cette crise lorsqu'elle éclate au grand jour et les possibilités de dépasser cette crise. Surtout, le plus souvent le décalage est manifeste et majeur entre les partenaires quant à l'importance de la blessure engendrée. La réaction à une liaison extraconjugale, lorsqu'elle est révélée consciemment ou par un acte manqué, est variable selon l'équilibre antérieur du couple, le fait d'avoir ou non des enfants, leurs âges, des séparations antérieures et les répétitions ressenties par les uns et par les autres. Le poids des générations antérieures joue sur les interactions du couple et ne doit pas non plus être minimisé.

France et Robert effectuent une démarche de thérapie de couple, adressés par le psychanalyste de Robert, qu'il consulte depuis plus d'un an pour un problème d'impuissance sexuelle. Les séances de psychothérapie sont « intéressantes », dit-il, mais ses difficultés ne s'estompent guère. La proposition de thérapie de couple lui paraît logique, d'autant que France est excédée : elle hésitait à consulter, mais « on ne peut pas rester comme cela », commente-t-elle.

France et Robert, tous deux âgés de 35 et 37 ans, sont mariés depuis quinze ans et ont deux filles de 9 et 11 ans. Ils se sont rencontrés à la faculté et, une fois leurs diplômes d'informaticiens en poche, ils ont décidé de s'expatrier pour mieux gagner leur vie et pour changer d'univers.

Ils se sont aimés dès le premier jour mais, comme ils étaient jeunes, ils se sont promis de vivre au mieux et le plus souvent possible toutes les expériences du bonheur, en maintenant un contrat de confiance : « On se dit tout, tout le temps : la vérité est le garant de notre union. »

Cet énoncé prônait une liberté sexuelle dont ils n'ont pas usé, si ce n'est en rêve et par quelques regards qu'ils échangeaient en société avec quelques autres adultes. Ils menaient une vie familiale seulement pimentée par des jeux de séduction qui probablement réactivaient leurs désirs. Ces relations platoniques qu'ils évoquaient devaient conforter leur absence de jalousie, terme au combien méprisable pour eux.

France a toutefois modifié ce jeu relationnel lorsqu'elle a rencontré Paul, avec lequel elle a entretenu une relation passionnelle. Elle a même pensé quitter Robert qui, tenu au courant des tourments de sa femme, a ressenti une « jalousie irraisonnable ». Il a essayé à son tour d'avoir une aventure et c'est dans ce contexte qu'il a déclaré son « impuissance » : il n'arrivait pas à avoir de relations sexuelles avec cette femme.

Il a caché son échec à France, se targuant d'un franc succès et rompant ainsi leur pacte de tout se dire. Paul s'est lassé au bout de quelques mois de France et Robert a quitté son amie. Ses troubles se sont aggravés : bientôt, il lui est devenu impossible d'avoir des relations sexuelles avec sa femme.

Une première lecture de leurs interactions montre des relations symétriques : ce que je fais, tu le fais ; une incapacité à se différencier : ce que je pense, tu le penses, nous sommes pareils. On observe aussi de puissants mécanismes de clivage des affects (comme si l'on ne ressentait rien d'une infidélité ou d'une autre atteinte à son couple) et une intellectualisation des sentiments. Bien entendu, la déclaration d'impuissance de Robert représente un véritable paradoxe, qu'ils ont réussi à formuler en séance. France a ainsi déclaré : « Je ne peux pas le quitter tant qu'il est dans cet état, mais s'il reste dans cet état, il faudra bien que je parte car je ne peux pas rester sans vie sexuelle. »

Comment avaient-ils construit leur schéma de couple au regard de leurs familles d'origine ? Car, de toute évidence, ils avaient créé au travers de leur union une réponse, un écho à d'autres mythes familiaux. Robert avait été élevé dans une famille nombreuse. Son rôle d'aîné lui valait le respect de ses frères et sœurs selon la tradition italienne dont étaient originaires ses deux parents. La famille, c'était tout, c'était le plus important et la place de chacun renforçait son poids. Or, malgré ses convictions, le père de Robert menait depuis des années une double vie : s'il passait la plupart des jours de la semaine avec sa maîtresse, le week-end était sacré et le repas traditionnel du dimanche représentait un moment important pour tous. Personne ne parlait de la deuxième femme, même si tous les enfants et la mère étaient au courant depuis longtemps. L'autorité du père ne s'en était pas trouvée atteinte.

L'histoire de la famille de France n'était pas simple non plus : ses parents s'étaient rencontrés alors que son père était déjà marié. France avait été déclarée « de père inconnu » et n'avait obtenu la reconnaissance et le nom de son père que lorsque celui-ci était devenu veuf et avait pu épouser sa mère.

Ainsi, ces deux histoires familiales étaient des « histoires à trois », avec un même mythe de la fidélité : dans la famille de Robert, même si on aimait une autre femme, on ne se séparait pas et on préservait avant tout la famille. Dans celle de France, son père avait, malgré sa liaison et la naissance de France, gardé son lien conjugal jusqu'au décès de sa femme : là aussi, on ne se séparait pas et on restait fidèle aux liens du mariage. Les relations extraconjugales étaient acceptées de part et d'autre.

France et Robert avaient construit sans s'en rendre compte des liens de fidélité qui s'opposaient aux règles de leurs familles d'origine (« on se dit tout »), tout en maintenant les mêmes règles (les relations extra-conjugales sont acceptées, voire valorisées). Après quinze années de vie commune, pratiquement au même âge où les deux pères avaient rencontré leur deuxième femme, une crise éclatait sous forme d'un aveu d'impuissance de celui qui maintenait quand même le pouvoir du couple. Car si France semblait initier les règles du couple (« la jalousie n'existe pas »), Robert avait trouvé une formule originale pour garder sa femme, payant le prix de sa virilité. Dans ce jeu relationnel, France avait repris la tradition masculine de l'infidélité, coupant l'herbe sous les pieds de son partenaire. Ils n'étaient pas conscients de l'importance de leurs loyautés envers leurs familles d'origine.

Robert ne pouvait pas trahir France, même s'ils ne s'étaient pas juré fidélité, car il sentait bien qu'il ne supportait pas des relations extra-conjugales et il était devenu impuissant avec l'autre femme puis avec

France, ne supportant pas l'idée qu'elle l'avait trahi et qu'il était prêt à en faire autant. Son symptôme était sa réponse au mythe de la liberté sexuelle instauré dans son couple et une opposition à son père. En choisissant Robert comme compagnon, France sentait qu'il était prêt à accepter de répondre à son modèle paternel[6].

Cet exemple illustre les loyautés invisibles au sens d'Ivan Bozormény-Nagy, le fondateur de la « thérapie contextuelle », qui contribuent à organiser notre vie, à tisser nos liens affectifs. L'infidélité fait également écho à de multiples principes de vie.

Mme G. se présente avec son mari pour une thérapie de couple. Il a découvert qu'elle a une relation extraconjugale. Ils ont beaucoup parlé et souhaitent « reconstruire ».

Ils sont mariés depuis dix ans. Ils ont deux enfants : Fabien, 8 ans, et Caroline, 5 ans. M. G. est cadre supérieur dans une concession de vente automobile. Elle est cadre dans une société d'assurances.

Il a découvert l'infidélité de sa femme par des SMS qu'il a lus dans son téléphone qu'elle a laissé traîner. Il a réagi par une très grande tristesse et depuis ne dort plus, rumine et tente de lui arracher des détails sur cette liaison. Elle n'a pas démenti et ne sait plus très bien où elle en est.

Ce qui apparaît d'emblée dans cette situation, c'est le décalage entre le mari, très affligé mais peu communicatif, et son épouse, plutôt agressive et cherchant la discussion. C'est d'ailleurs le premier reproche qui émergera de l'entretien : « Tu ne dis jamais rien, tu ne parles jamais, il faut t'arracher les mots. »

Ces premiers instants se retrouvent souvent dans la dynamique des couples : mari introverti, femme extravertie. Cependant, ce qui doit être pris en compte avant tout, c'est le degré de souffrance, la volonté de changement, la remise en question qui est souvent remplacée par le souhait que l'autre change.

« S'il parlait un peu plus, tout irait mieux », dit encore Mme G. Cette remarque nous conduit très vite à imaginer le système de communication des familles d'origine, ce qui sera abordé dans les séances ultérieures et montrera bien évidemment des modes de communication similaires : on communique peu dans la famille de monsieur ; on parle très facilement dans celle de madame. Mais restons pour un premier entretien auprès de la demande, du symptôme : l'infidélité. Monsieur ne comprend pas ce qui se passe. Pour lui, tout allait bien dans le couple. Ils avaient des projets, évoquaient un troisième enfant : la famille classique, sans problème. Cette façon d'exprimer la situation renforcera la colère de madame, qui ne voit pas les choses de la même façon : « Comment veux-tu faire un troisième enfant alors que nous n'avons pratiquement plus de relations sexuelles ? »

Cette immersion dans leur intimité ne doit pas non plus être trop développée dans un premier entretien, qui doit créer un espace de dialogue, une affiliation avec le thérapeute et organiser un projet thérapeutique. La première question à démêler est celle du symptôme, l'infidélité. Qu'est-ce qui a créé ce contexte de crise ? Un ou plusieurs événements ont-ils précédé cette crise ? Le travail du thérapeute concernant la compréhension d'une situation débute souvent par cette interrogation : « Pourquoi maintenant ? »

En explorant ainsi le contexte lors du premier entretien, on apprendra que M. G. a changé de travail il y a un an et demi et que, depuis, il rentre très tard, s'occupe peu des enfants, ne participe plus aux tâches familiales. Il est ravi de ce nouvel emploi, ce qui contraste avec le poste de son épouse, qui a l'impression de ne pas réussir, de s'ennuyer professionnellement et qui en veut à son mari de son évolution.

D'autres griefs apparaîtront en filigrane, témoignant de difficultés qui se sont développées au fil de ces dernières années : vacances régulières chez les beaux-parents paternels, pas d'intimité, manque de relations avec la belle-famille maternelle qui vit dans un autre pays, vie très autarcique du couple, etc. L'infidélité apparaît comme un espace de rêve créé par madame, très insatisfaite de sa vie actuelle, sans que l'investissement de son amant soit très profond. Elle l'a choisi dans son cadre professionnel comme pour se motiver à aller au travail.

L'infidélité représente une menace pour le couple : la révélation de la relation extraconjugale est vécue comme une trahison aux règles instaurées par le couple dans le contexte de notre culture monogame. C'est la perception de cette menace, intégrée différemment selon les individus, qui engendre la crise. Les réactions varient en fonction des situations : une aventure secrète qui dure depuis des années représente une menace plus importante qu'une passade d'un soir. Si les partenaires du couple vivent ensemble depuis longtemps, leur engagement est réel. La solidité du couple est fortement ébranlée ou au contraire peu menacée selon le degré d'engagement : c'est ainsi qu'on peut comprendre la réaction de Hillary Clinton. Le courage que le monde entier lui a reconnu l'a certainement aidée à mieux maîtriser ses émotions. Les intérêts communs du couple dépassaient largement la fidélité sexuelle : la fidélité se situait à un autre niveau pour eux, en particulier leurs engagements familiaux et politiques. Face à une infidélité, chacun y met sa sensibilité et s'accorde ou non avec son partenaire : c'est bien là le fond du problème : partager les mêmes définitions.

Tout dépend des circonstances et de la durée du lien

L'infidélité n'a pas la même résonance selon l'ancienneté de la construction de la relation : plus elle est durable, plus elle est sécurisante. Une relation extraconjugale est vécue différemment selon qu'elle a lieu après quelques mois de vie commune ou après vingt-cinq ans de mariage.

Les réactions sont variables et contrastées : remise en question totale après de longues années de vie de couple ou, au contraire, « accident de passage » plus ou moins toléré.

De même, l'infidélité retentit différemment selon l'étape du cycle de vie : être trompé(e) lorsqu'on attend un enfant n'a pas la même signification que lorsqu'on est installé dans la vie quotidienne et que son conjoint fait un déplacement à l'étranger.

Chacun pose ses limites en fonction de sa propre histoire : ces limites concernent la durée de l'infidélité, sa répétition, sa discrétion ou, au contraire, son exhibition, qui souvent ajoute l'humiliation au chagrin.

Le caractère secret renforce, en général, le plaisir de cette relation (bien des romans, des films, des chansons le soulignent), ou bien il accroît la culpabilité, surtout du fait des mensonges utilisés.

Quand l'éducation sépare

On peut dire que les couples commencent à se disputer sur la grande question de l'éducation des enfants dès les premiers jours de la vie de leurs enfants ! Manquant d'expérience, peu entourés par la famille ou la parentèle, les jeunes parents s'en remettent au pédiatre (ou aux pédiatres !) qui va tenter de donner la marche à suivre. Mais lui font-ils totalement confiance pour autant ? Qui a raison ? Qui a tort ? Les modes changent, les cultures varient, les livres se multiplient, les amis commentent, les comparaisons fusent : « Moi, mon fils a fait ses nuits tout de suite » ; « Moi, elle a été propre très tôt… » Chez les autres tout semble toujours plus facile, mais, chez soi, l'enfant « réglé comme une pendule », qui ne trouble pas le rythme de ses parents, « propre, souriant et toujours gai » est rarement au rendez-vous. Aussi les tensions montent vite. « Tu devrais le laisser pleurer au moins 5 minutes », reproche un homme à sa femme. « Si tu te levais au moins une fois dans la nuit quand il pleure… », lui rétorque-t-elle.

Les tensions se cristallisent autour de rythmes, des repas, des changes. Le bonheur d'être parents s'oublie souvent devant les réveils nocturnes. Il faut gérer l'anxiété liée au petit qui a de la fièvre, à la nounou qui a du retard, à la halte-garderie qui ferme l'été. Le stress des parents qui travaillent est souvent considérable. Déposer son enfant « à l'heure », à la crèche ou à l'école, tout en arrivant au travail « à l'heure », peut être compliqué. Les minutes sont comptées le matin et la répartition des tâches se fait difficilement. « Tu pourrais m'aider à les habiller », proteste cette mère

stressée qui n'a pas assez dormi. « Mais je prépare le biberon »,
réplique son compagnon qui s'active dans la cuisine. Au « je ne
retrouve plus le bonnet » de l'un répondra un « évidemment tu
ne ranges jamais rien » de l'autre, qui ne contribue pas à apaiser
l'atmosphère. Dans les premières années, organiser, s'organiser, sans
être trop directif, est la seule règle qui vaille. Malheureusement, la
fatigue aidant, on met parfois du temps à le comprendre.

L'éducation que l'on donne à ses enfants renvoie toujours aux
modèles familiaux suivant lesquels on a été soi-même élevé. « Mettre
mon enfant dans une école privée ? Jamais ! », dit cette femme éle-
vée à l'école publique de la République et dont les parents sont
instituteurs. « Nous avons tous été dans des écoles privées chez moi,
cela ne nous a pas empêchés de faire de très bonnes études, je te
signale », répond son époux sur un ton cinglant, faisant allusion
au manque de diplôme de son épouse. Et puis, doit-on donner de
l'argent de poche ? Et combien ? Doit-on apprendre l'anglais ou
l'allemand en première langue ? Faut-il l'inscrire à des activités
sportives ou non ? Préférer le judo à la gymnastique ? « Comment !
Tu laisses notre fille aller au collège maquillée, mais c'est n'importe
quoi ! », s'irrite un père que la féminité naissante de sa fille inquiète.
« Acheter un téléphone portable ? À son âge ? Pas question ! », proteste une maman qui craint pour la sécurité de son garçon. Et puis
il y a les mauvais choix que l'on fait tous : la nounou qu'il faut
licencier, l'école qui ne va pas, la baby-sitter qui est systématiquement en retard. Alors on se rejette la faute.

Tout modèle d'éducation renvoie au seul modèle que l'on
connaisse, le sien. Invariablement, on reproduira la même chose
ou le contraire, en opposition à ses parents. Malheureusement, le
conjoint fonctionne lui aussi suivant ce schéma : il répète ou il
s'oppose, sauf que ce n'est pas forcément le même modèle, surtout
si on a été élevé dans des cultures ou des religions différentes.
Réfléchir aux modèles éducatifs prend du temps, c'est un fait, mais
en discuter devant un thérapeute permet, d'expérience, d'éviter de
nombreux conflits.

Suzanne et Karl se sont toujours disputés sur tous les détails qui concernaient les enfants. Ils venaient de deux univers très différents : elle était d'une famille française très souple ; il venait d'une famille allemande très rigide. Toutefois, ces disputes n'étaient pas des règlements de comptes, c'étaient plutôt des joutes oratoires pour convaincre l'autre. Et, au final, généralement, ils tombaient d'accord. L'un et l'autre avaient appris au fil du temps à faire des compromis. Oui, l'allemand serait par exemple la première langue étrangère au collège, mais les enfants pourraient aller dormir chez des copains d'école par exemple ! En fait, ce couple a appris surtout à réfléchir à ses différences. Ce que, de l'extérieur, on pouvait qualifier de disputes, eux appelaient cela « avoir des débats passionnés ».

Chez Étienne et Joëlle, l'éducation musicale est fondamentale. On n'annule pas un cours de solfège ou une leçon de piano. Joëlle a en effet fait une double carrière de concertiste et de romancière. Étienne, qui chante faux et n'a jamais appris à jouer d'un instrument de musique, accepte l'attitude de sa femme car il voit combien c'est agréable de l'écouter jouer. Par contre, il voudrait que ses enfants fassent du sport… Or les heures de piano après l'école ne sont pas compatibles avec l'entraînement à la natation qui prend trois heures trois fois par semaine… Les enfants ont donc musique et sport pratiquement tous les soirs et se plaignent de ne pas pouvoir jouer avec leurs copains… Ainsi, les différences doivent faire l'objet de discussion, et les positions parentales s'adapter aussi à chaque enfant…

L'argent

L'argent reste le nerf de la guerre… et probablement un des derniers tabous en France. Il est mal vu d'avoir de l'argent, on ne raconte pas combien on gagne, ce serait indécent. Auparavant, c'était la sexualité qui représentait un sujet interdit. Cela a bien changé depuis 1968 : désormais, on peut parler de son intimité, de son désir, de son plaisir. On pourrait donc presque dire que l'argent touche à ce qu'il y a de plus intime aujourd'hui.

> Fabienne n'a jamais su combien son mari gagnait. Ils ne manquaient de rien et leur train de vie était visiblement important. Elle ne s'était jamais posé de question, vivant dans le confort et une confiance totale selon un partage des tâches « à l'ancienne » : elle s'occupait des enfants et de la maison, son mari travaillait et faisait la comptabilité familiale. Elle se faisait un point d'honneur à gérer pour la maison l'enveloppe qu'il lui donnait mensuellement. Au moment de la séparation, lorsqu'elle comprit que son mari gagnait cinq fois ce qu'elle imaginait, elle lui en voulut encore plus car elle tenait sa comptabilité de la maison avec parcimonie : « J'aurais pu faire moins d'efforts pour acheter en soldes les vêtements des enfants », se dit-elle. Son mari n'avait pas saisi la façon dont elle gérait le budget domestique. Cela contribua à augmenter les griefs du couple quand ils divorcèrent.
>
> Pour Laura, ce fut le contraire. Son mari et elle ne se privaient de rien. Il lui faisait croire (et elle voulait bien le croire) qu'il gagnait beaucoup plus qu'en réalité. Pour ne pas la décevoir, il avait emprunté à de multiples personnes. Quand elle découvrit cette situation, elle se sentit humiliée et cela ne fit qu'accélérer leur séparation.

La célébration du mariage (si le couple se marie) ouvre très souvent la porte à la discussion sur l'argent : combien chaque famille va-t-elle donner (ou ne pas donner) ? Les festivités correspondront-elles aux représentations qu'on a ?

> Marie et Olivier se souviennent de leur mariage, première grande crise. Les parents d'Olivier n'avaient pas les mêmes moyens que les parents de Marie, mais le mariage de leur fils unique représentait l'aboutissement de leur vie. Voulant absolument partager les frais, ils cassèrent leur plan d'épargne, seul coussin de sécurité dont ils disposaient. Olivier reprochant à Marie ses goûts de luxe, elle décida d'annuler la cérémonie. Les parents s'en mêlèrent, le mariage fut reporté à l'année suivante et eut lieu dans un endroit plus modeste.

Adrian Lyne a réalisé en 1993 un film sur les aléas du couple : *Proposition indécente*, avec Robert Redford, Demi Moore et Woody Harelson. « Camarades de collège, Diana et David Murphy se sont mariés très jeunes et éprouvent l'un pour l'autre un amour grandissant. Or leur profession est frappée par la récession. Pour faire face aux traites, il leur faut réunir d'urgence 50 000 dollars, qu'ils comptent gagner en jouant à Las Vegas. Là, ils ne tardent pas à tout perdre. John Gage, un milliardaire étrange et séduisant, fait alors à David une surprenante proposition : 1 million de dollars en échange d'une nuit d'amour avec Diana. Après un refus clair et net, le couple réfléchit et accepte, mais les conséquences seront désastreuses. Morale de l'histoire : l'amour ne peut pas suffire lorsqu'on a des soucis d'argent… »

Un rapport de l'Insee analyse la relation à l'argent dans les couples cohabitant depuis plus d'un an et dont l'un des deux est actif. Selon cette enquête, près des deux tiers des couples mettent en commun leurs revenus pour toutes les dépenses, et avant tout celles qui sont collectives : loyer, courses, enfants. La question des dépenses personnelles se pose, mais dans la plupart des couples il y a consultation réciproque. Parfois chaque partenaire donne la même somme pour les dépenses de la maison et garde le reste pour lui.

Cependant, d'après l'Insee, 64 % des couples étudiés mettent en commun leurs revenus. Ce ratio diminue au fur et à mesure que les revenus du ménage sont plus importants ou que le niveau de diplôme est élevé. La notion de pot commun est également moins souvent retenue par les couples dont l'un des conjoints a déjà eu une expérience de vie de couple.

Les règles implicites

La gestion de l'argent dans le couple est probablement l'un des sujets les plus délicats. C'est l'arbre qui cache la forêt. C'est aussi ce qui sera le plus difficile à régler dans les séparations. En effet, l'argent fait appel à notre histoire familiale, à notre éducation ;

il nous renvoie à la façon dont notre famille d'origine a géré ses relations avec lui et en a bénéficié ou non.

Certaines familles ont pour mythe familial l'autonomie : on quitte la famille quand on est autonome financièrement, quand on subvient à ses besoins. Dans d'autres, le partage est de rigueur : on partage tout et tout le temps, aussi bien avec ses enfants que ses neveux ; la notion de famille peut inclure la famille élargie. Dans d'autres encore, on donne, mais ce don n'est pas gratuit : recevoir signifie rendre des comptes ; il faut garder un œil sur ce qui se passe chez les enfants. Et puis, bien sûr, il existe des familles cigales et des familles fourmis.

L'argent est aussi lié aux diplômes, aux trajectoires personnelles. Selon son histoire familiale, on valorisera ou non les diplômes. On les considérera comme indispensables ou, au contraire, comme une façon d'éviter de rentrer dans la vraie vie.

> Arthur était considéré comme un éternel étudiant par ses parents car il avait décidé après son master 2 en économie de faire un doctorat. Il gagnait sa vie en faisant des petits boulots d'étudiant les premières années et maintenant occupait un poste de chargé de cours à l'université qui évidemment ne lui rapportait pas grand-chose. Ses parents tenaient une teinturerie et avaient toujours espéré qu'il reprendrait ce commerce assez florissant. Les études interminables de leur fils l'empêchaient de gagner sa vie. Arthur vivait comme un étudiant dans un minuscule studio. Ses parents espéraient qu'il changerait d'avis avec le temps. Ce ne fut pas le cas. Il devint professeur d'Université. Son cousin germain reprit la teinturerie familiale.

Avoir de l'argent ou pas peut être mal vécu selon son histoire familiale. Des inégalités peuvent aussi se faire sentir au sein des fratries qui retentissent sur les couples.

> Lorsque Caroline, brillante avocate d'affaires, présenta Michel à ses parents, elle sentit de la désapprobation dans leur regard. Certes, Michel était bel homme, élégant et sympathique, mais il était

instituteur. Il gagnait donc un salaire peu élevé. Les parents de Caroline convoquèrent Michel pour lui demander comment il se voyait subvenir aux besoins d'une famille. Apprenant cela, Caroline fut mortifiée, d'autant que ses parents étaient fortunés, pas en raison de leur travail mais de l'héritage du grand-père, industriel lillois.

Dans la famille de Salomé où on est fonctionnaire depuis plusieurs générations, l'arrivée de Grégory, trader dans un fonds d'investissement, fut mal vécue. On le surnomma tout de suite le loup de Wall Street et sa réussite financière fut vécue comme suspecte.

L'héritage

Les lois régissant l'argent dans les familles sont différentes d'un pays à l'autre, en particulier, les règles d'héritage. En France, on ne peut pas déshériter ses enfants. Et, depuis peu, l'époux ou l'épouse hérite en partie du conjoint défunt (part minimale de l'héritage). On tente aujourd'hui d'homogénéiser les législations.

D'une façon générale, les pays du Sud, de droit latin, sont des adeptes de la réserve héréditaire. Les enfants et le conjoint légal sont protégés non seulement en France, mais en Espagne, au Portugal, en Italie ainsi qu'en Allemagne. Au contraire, les pays dont le droit est issu de la *common law* anglo-saxonne laissent les testateurs (nom juridique de celui qui a rédigé son testament) libres de leur choix. Ainsi, de l'autre côté de la Manche, la réserve héréditaire n'existe tout simplement pas ! Les enfants n'héritent pas obligatoirement. Or on sait que les perspectives d'héritage jouent dans les divorces...

Concernant la générosité ou la « radinerie » que l'on manifeste en couple, elles sont, elles aussi, très souvent le fruit de l'héritage familial. Liées à l'éducation qu'on a reçue, elles peuvent aussi s'organiser comme formation contraire (ou réactionnaire).

La prodigalité de Marc est ainsi un pied de nez à la radinerie de son père. Il a toujours souffert de l'attitude de ses parents et s'est juré, une fois autonome, d'être différent : il est le premier à inviter ses amis, il offre des cadeaux magnifiques aux anniversaires, etc. Et pourtant ses parents avaient les moyens…

Lorsque le couple se construit, il échange peu sur le rapport à l'argent, sur sa propre éducation à cet égard. Le mode de gestion est propre à chaque couple et souvent s'établit dans l'improvisation, ce qui est une première étape source de nombreux conflits. Dès lors, faut-il établir ou non un contrat de mariage ? Faut-il opter pour la communauté des biens réduite aux acquêts ou la séparation des biens ? La plupart des couples se marient sans savoir qu'ils optent pour une situation juridique plutôt qu'une autre. Se marier est un acte juridique, pourtant. Cela devrait plaider pour une consultation juridique obligatoire avant le mariage afin d'expliquer ce qu'est un contrat de mariage, un héritage, etc. Mais, là encore, ce serait parler argent et non amour et cela manquerait de romantisme. Quand on s'aime, tout est facile, pense-t-on. Or la réalité nous ramène vite aux considérations matérielles.

> Lorsque Romane et Simon ont décidé de se marier, il a expliqué qu'il souhaitait établir un contrat de mariage. Elle est tombée des nues. Que signifiait ce message ? Quel manque de confiance ! Quelle blessure ! Simon avait beau lui expliquer qu'il s'agissait d'une formalité protectrice car il avait créé une entreprise, Romane ne voulait rien entendre. Elle en a parlé à ses parents, qui s'étaient mariés sans contrat, et ils ont réagi de la même façon. Il a fallu beaucoup de patience et de calme à Simon pour expliquer ses motivations, qui ne mettaient en aucun cas en cause sa confiance en Romane.

La sexualité

La sexualité intervient souvent comme une plainte récurrente et comme une des causes de l'infidélité, mais elle appartient à un champ complexe.

Aujourd'hui, comme nous l'avons déjà dit précédemment, les couples, à l'exception de ceux qui sont très religieux, ont expérimenté une vie sexuelle avant de se marier ou de vivre en concubinage. N'avoir eu qu'un seul partenaire dans sa vie est un fait exceptionnel et les jeunes commencent une vie sexuelle alors même qu'ils vivent encore chez leurs parents. Ils sont libres de choisir leur partenaire et la réussite sexuelle fait partie du contrat implicite du couple qu'ils vont former.

Toutefois, la façon de vivre sa vie sexuelle dépend de nombreux facteurs. Selon son histoire, son éducation, on se sent plus ou moins libre dans son corps, plus ou moins à l'aise dans ses rapports sexuels. On peut aussi avoir des besoins, des rythmes différents. Certains aiment faire l'amour le matin, d'autres le soir. Certains ont envie d'avoir des rapports très fréquents, d'autres moins. Le couple doit s'entendre dans ce domaine.

S'entendre avec son partenaire peut nécessiter des compromis. Il faut accepter que l'autre n'ait pas envie, n'aime pas telle ou telle façon de faire, ait besoin de plus d'intimité. Là encore, la télépathie ne fonctionne pas et il faut pouvoir mettre des mots, parler de ce qui ne va pas.

Une baisse de libido signifie-t-elle qu'on n'aime plus ? N'y aurait-il pas d'autre explication ? Pourquoi ne pas demander ce qui ne va pas ? Attention aussi aux malentendus ! Combien de fois ai-je dû expliquer à des patients que l'un des signes de la dépression était un manque de libido (et surtout une envie de rien) à ne pas confondre avec le désamour ? Et puis, comment gérer les pannes sexuelles, les éjaculations précoces, le vaginisme, la frigidité ?

Souvent, la sexualité est considérée comme une performance, ce qui en dit long sur la façon de l'évaluer. Or notre vie sexuelle est complexe, elle est liée à notre histoire, à nos traumatismes, à notre sécurité ou à notre insécurité intérieure, à notre confiance en l'autre. En aucun cas, la sexualité ne doit devenir une comptabilité ou un programme.

Giselle avait une histoire personnelle douloureuse. Elle avait subi des attouchements sexuels pendant plusieurs années de la part de son parrain. Elle n'en avait jamais parlé, mais elle s'était arrangée pour partir son bac en poche étudier à l'étranger. Elle trouvait toujours des compagnons instables, voire violents qui l'humiliaient parfois. Enfin, elle rencontra Jean-Jacques. Malgré toutes ses qualités, elle vivait leur sexualité comme médiocre et ce depuis le début. Certes, il avait d'autres qualités, il était « normal », disait-elle. « Je peux compter sur lui, lui faire confiance, mais il a beaucoup moins d'envie que moi… » Elle comprit au cours de sa thérapie qu'elle avait d'une part été surstimulée sexuellement par ces attouchements et qu'elle faisait tout pour évaluer la performance de Jean-Jacques, qui se bloquait. Comme elle lui avait raconté combien ses amants antérieurs étaient doués pour le sexe (en omettant de raconter l'autre versant de l'histoire, c'est-à-dire leur violence), il avait sans arrêt le sentiment de devoir faire mieux. Quelques entretiens de couple les aidèrent à mieux communiquer et Jean-Jacques put commencer à se sentir plus en confiance.

Mon expérience de thérapeute m'a permis de rencontrer des centaines de couples et je suis toujours étonnée de voir comment les partenaires organisent leurs règles de vie en matière de sexualité et de désir.

Adrien et Aline n'ont jamais eu de relations sexuelles malgré vingt ans de mariage et des enfants adoptés : ils ont construit leur famille sur des loyautés familiales qui sont plus fortes que le désir sexuel, absent depuis toujours.

Quant à Marc et Françoise, leurs relations sont tellement conflictuelles qu'ils ont décidé de divorcer dans quatre ans, quand leurs enfants seront grands. Ils font chambre à part depuis cinq ans et ont chacun quelques aventures à l'extérieur qu'ils cachent soigneusement pour ne pas rompre le fragile équilibre instauré.

Jacques et Laurence tentent de retrouver un nouvel équilibre après la découverte de la séropositivité de Jacques, contractée probablement par des contacts avec des prostituées, mais sans avoir eu, dit-il, de

rapports de pénétration. Laurence aime son mari et a accepté ses
« histoires », car ils ont traversé une période de crise et n'avaient
plus de rapports sexuels.

Sam et Rose ont deux enfants et un « bail de couple » renouvelable
tous les cinq ans. Si leur fonctionnement leur paraît bon, ils le recon-
duisent à nouveau. Pour montrer son autonomie, Sam sort une fois
par semaine « seul » : il fait croire à Rose qu'il a une vie nocturne
trépidante. En réalité, il retrouve sa mère, que Laura exècre, et qu'il
voit déjà à son insu pour déjeuner certains jours.
Marjorie est venue consulter avec son mari Bertrand : ils sont mariés
depuis trente-cinq ans. Bertrand a une autre femme dans sa vie depuis
dix ans, ce que Marjorie accepte maintenant, d'autant que Bertrand
est « discret » : le secret est bien gardé, autant vis-à-vis de leurs enfants
que de leur famille et de leurs amis. Toutes les relations sociales sont
maintenues. Aujourd'hui, ils ne sont plus d'accord : la maîtresse de
Bertrand est sur le point d'accoucher et Bertrand voudrait installer le
bébé et la maman au rez-de-chaussée de la maison familiale. Marjorie
accepte le bébé, mais pas la mère…
Georges et Jennifer sont mariés et habitent deux pays différents depuis
trois ans. Lorsque Georges s'est vu proposer un poste au Japon, il savait
que ce ne serait pas facile pour sa famille. En effet, Jennifer s'y est
installée avec leur fille Célia, mais la « greffe » n'a pas pris : elle a
quitté son poste d'enseignante sans retrouver d'activité professionnelle.
Au bout d'un an, elle est retournée en France avec Célia et retrouve
son mari pour les congés scolaires. C'est, disent-ils, le moins mauvais
compromis possible.

Il faut comprendre les modifications de la vie sexuelle dans
un contexte global. Le désir d'enfant peut stimuler la sexualité,
mais aussi la freiner si l'un a peur ou n'est pas prêt. La grossesse,
de la même façon, peut modifier la vie sexuelle du couple[7]. On
estime que 1 % des hommes ont des troubles de l'érection et 15 %
des hommes, qui avaient une sexualité tout à fait épanouie, des
éjaculations prématurées « pour ne pas déranger » pendant la

grossesse[8]. L'étape suivante est la reprise des relations sexuelles après l'accouchement, qui dépend avant tout de la façon dont s'est passé celui-ci.

Quoi qu'il en soit, l'arrivée d'un enfant change l'intimité du couple : la promiscuité, la fatigue, les pleurs modifient la disponibilité. Passer de deux à trois puis à quatre représente un changement majeur. Dans la plupart des thérapies de couple, on conseille donc aux parents de recréer des moments de complicité en sortant un soir par semaine ou tous les quinze jours ou même d'aller boire un verre une heure dehors pour avoir un peu de temps à deux. Les années se succédant, le désir peut bien sûr s'émousser, mais un couple peut aussi retrouver une vie sexuelle plus épanouie après de nombreuses années de vie commune.

> Le film *Tous les espoirs sont permis* de David Frankel date de 2012. Remarquablement interprété par Meryl Streep et Tommy Lee Jones, il raconte l'histoire d'un couple qui, après trente ans de mariage, participe à une semaine intense de thérapie pour tenter de sauver leur union. Ils retrouveront une harmonie et une vie sexuelle qui avaient disparu.

Les violences

Alors que Marie Trintignant tourne le téléfilm *Colette, une femme libre* à Vilnius en Lituanie, en 2003, une dispute au sujet d'un message adressé par son mari dont elle est séparée (Samuel Benchetrit) éclate avec son compagnon depuis dix-huit mois, Bertrand Cantat. Dans la nuit du 26 au 27 juillet, ce dernier la frappe à plusieurs reprises. La comédienne tombe au sol, mortellement atteinte. Elle décédera quelques jours plus tard.

Si cette affaire a frappé l'opinion, au-delà de la rubrique des faits divers, ce n'est pas seulement du fait de la notoriété de la famille Trintignant. C'est aussi qu'elle a fait prendre conscience de l'importance et de la fréquence des violences conjugales, longtemps sous-estimées, minimisées et considérées à tort comme l'apanage des milieux les plus défavorisés.

Traditionnellement, une certaine violence était acceptée : les pères avaient le droit de corriger leurs enfants (et les mères aussi) et un mari incapable de remettre en place son épouse d'une bonne gifle passait pour faible. Rappelons-nous *Un bon petit diable*, de la comtesse de Ségur, qui raconte les fessées de la mère Mac'Miche. Un peu plus tard, Hervé Bazin évoquera les « soufflets » de Folcoche dans *Vipère au poing*. « Les parents boivent et les enfants trinquent », dit un célèbre adage français. Et pas que chez Zola : l'alcool reste l'un des grands facteurs de la violence conjugale et familiale. En particulier parce que c'est un désinhibiteur qui renforce la jalousie.

La violence conjugale frappe surtout les femmes. Du fait de leur corpulence plus importante, les coups portés par les hommes sont souvent aussi plus violents. Mais la violence, si elle est pulsionnelle, est aussi interactive. Elle peut commencer de façon progressive, subtile : à coups de moqueries, de piques, de critiques continues, de dénigrements[9]. Et quand on réagit, on se dispute, on s'insulte ; les violences verbales deviennent répétitives ; l'un veut partir, s'enfuir ; trop facile, tu ne sortiras pas ; on bloque la porte, on se pousse, on se fait mal. Le fait d'en arriver aux mains signifie qu'on est passé à une nouvelle étape.

> Jeanne ne supportait plus l'alcoolisme de son mari, qui s'était aggravé avec la perte de son emploi. Gilles attendait sa femme le soir. Il avait pris plusieurs apéros en préparant le dîner. La dispute éclata après une remarque désobligeante de Jeanne. Le ton monta et, pour la première fois, Gilles gifla sa femme, qui se jeta sur lui et le griffa. Il réagit en balançant une lampe. Jeanne s'enfuit chez son frère. Cette dispute qui aurait pu inaugurer une séparation fut salutaire. Gilles consulta un psychiatre et arrêta de boire complètement. Quinze ans après, il est toujours abstinent. Il n'y eut plus de grave dispute et le couple fonctionne bien.

Malheureusement, cela ne se passe pas toujours ainsi et les violences physiques se répètent souvent, atteignant aussi les enfants. C'est pour cela qu'il existe des généalogies de violence : les enfants battus deviennent souvent des parents violents et répètent les interactions familiales qu'ils ont vécues dans leur famille d'origine.

Trois modèles pour expliquer la violence[10]

1. Le modèle psychiatrique

C'est la personnalité de l'agresseur qui serait la cause de la violence. Alcool, drogues, troubles de l'identité, manque d'estime de soi, etc., sont cités comme sources de la violence alors que nous pourrions plutôt les considérer comme « cocauses », certes fréquentes, mais insuffisantes pour expliquer de façon exhaustive ce problème si complexe.

2. Le modèle psychosocial

a) L'agression serait le résultat d'une interaction dysfonctionnelle entre les deux conjoints : elle s'instaure au sein d'un mécanisme circulaire qui ne permet pas de mettre facilement en évidence une causalité linéaire. Les troubles de la communication se manifestent dans un climat d'hostilité, de mépris et de violence réciproques, débouchant généralement sur un acte physique, celui-ci adoptant la forme d'agression ou de punition en fonction du caractère symétrique ou complémentaire de la relation.

b) On note aussi la coïncidence fréquente entre l'agression subie dans l'enfance et celle exercée à l'âge adulte, la première constituant un modèle d'apprentissage par imitation ou par efficacité, pour l'obtention d'un résultat interactionnel[11].

3. Le modèle socioculturel

Selon cette dernière théorie, la violence serait le résultat d'un phénomène social qui imprègne tous les domaines de la culture. Il s'agit ici de l'exercice du pouvoir implicitement manifeste dans les préjugés envers le sexe (masculin/féminin), les relations exploitant-exploité sur le plan socio-économique et, en dernier lieu, tous les modèles culturels qui préconisent la violence comme mode de résolution des conflits.

Chez les F., les disputes de couple tournent toujours autour de l'éducation des trois garçons, qui sont très turbulents. M. F. reproche à sa femme d'être violente avec eux. Elle reconnaît crier, mais ne se rend pas compte qu'elle provoque ses adolescents. L'aîné n'arrivant pas à table alors qu'elle l'avait appelé à de nombreuses reprises, elle lui a arraché son portable qui s'est cassé en tombant. Il s'est jeté sur sa mère. M. F. est arrivé pour les séparer, mais il a bousculé violemment sa femme, qui est tombée par terre. Plus de peur que de mal cette fois, mais cette interaction se répétait régulièrement. Le travail familial a permis à M. F. de comprendre que sa femme était dépassée par l'adolescence des enfants et qu'il fallait l'aider, la soutenir plutôt que la critiquer. Elle a compris qu'elle rejouait des interactions familiales complexes qui l'avaient conduite à quitter ses parents très tôt.

Hélas, toutes les familles ne consultent pas et même celles qui le font ne changent pas toujours de comportement. La violence conduit alors à des séparations provisoires ou définitives, mais qui sont nécessaires pour ne pas arriver à l'histoire de Marie Trintignant qui a bouleversé la France.

Les belles-familles

On n'épouse pas une personne, mais une famille et une histoire familiale. Nous savons bien que la famille de chacun va jouer un rôle important dans l'équilibre d'un couple. Si le maire au moment du mariage, à cette phrase du Code civil « les époux se doivent mutuellement fidélité, secours et assistance », pouvait évoquer le « respect des belles-familles », au moins cela nous éviterait-il de l'oublier !

Se pose tout d'abord la question de l'intégration d'une « pièce rapportée ».

Joyce est l'aînée de quatre enfants. Elle consulte avec son mari car leur couple bat de l'aile. Elle comprendra très vite que, dans sa famille,

« on ne supporte pas les pièces rapportées ». Ses frères et sœurs ont tous déjà divorcé et Joyce reste la seule mariée. Son compagnon a été « toléré » par ses parents parce qu'il avait un bon diplôme, mais son origine sociale était considérée comme moins bonne… On ne manquait pas de le lui faire remarquer et, bien entendu, les belles-familles ne s'étaient jamais revues après le mariage. Joyce, très liée à ses parents, avait pris l'habitude d'aller les voir, seule depuis quelque temps, ce qui renforçait ses parents dans l'idée qu'elle n'avait pas fait le bon choix.

Judith préféra rompre avec sa famille pour protéger son couple : elle n'en pouvait plus d'entendre son père lui expliquer qu'il ne supportait pas les manières de son gendre, ni ses origines (il était fils d'« ouvriers polonais »).

Si la belle famille ne respecte pas le gendre ou la belle-fille, si elle le (la) maintient dans une position infantile, ou trop distante, à la moindre crise du couple, cela risque de renforcer le conflit.

Dans de nombreuses familles, les « vrais » couples (l'alliance qui a le plus de pouvoir) peuvent être les mères avec leur fille, les mères avec leur fils, mais on peut aussi trouver une alliance très forte entre un père et son fils ou sa fille. Combien de femmes se confiant à leur mère ont entendu cette phrase : « Tu ferais mieux de divorcer. » Certes, toutes les familles ne sont pas comme cela, mais ces alliances subtiles sont souvent disqualifiantes pour le couple. Il arrive souvent aussi que les belles-familles qui n'ont pas réussi leur couple supportent mal de voir leur enfant filer le parfait amour… Les conflits avec les belles-familles n'apparaissent pas tout de suite. En général, au début des rencontres, on essaie de faire des efforts. Puis, le temps passant, le naturel peut reprendre le dessus.

Les critiques énoncées vis-à-vis de notre propre famille par nos conjoints apparaissent comme des piques personnelles. Elles conduisent souvent à des réponses cinglantes car nous nous sentons blessés et peuvent donner lieu à des altercations répétitives. Chacun se sent le droit de critiquer sa propre famille, mais entendre la critique de l'extérieur n'est pas supportable. Du coup, dans de nombreux couples, les disputes sont récurrentes et se terminent en insultes vis-à-vis des belles-familles, car chaque partenaire sait que le sujet est sensible et qu'on se sent vulnérable lorsque notre famille est attaquée. Cela ne concerne pas uniquement les beaux-parents, mais bien entendu aussi les frères et les sœurs, avec toute la rivalité fraternelle sous-jacente que cela suppose. C'est pour cette raison que les conflits conjugaux ont parfois un rythme saisonnier : les fêtes de Noël sont sources d'explosions familiales ; en été, le partage des maisons de famille peut être dramatique. Il s'agit alors de cohabitation, de liens d'argent, on compare les enfants et les petits-enfants, dans des maisons où on n'a pas toujours le confort et surtout l'intimité que les couples souhaitent pendant leurs vacances.

> Blanche ne supportait pas d'aller dans la maison de ses beaux-parents : son mari Jean et elle dormaient dans la chambre « anciennement des enfants » qui n'avait pas changé depuis le départ de Jean et de son frère. Avec Blanche, ils devaient se résoudre à être chacun dans un lit à une place, les beaux-parents refusant qu'ils achètent un grand lit. Jean banalisait en expliquant que ce n'était pas le bout du monde… jusqu'au jour où Blanche décida qu'elle ne dormirait plus chez sa belle-famille.

La maladie

La longévité ne va pas sans certaines complications, dont l'arrivée de maladies. Qu'elles soient organiques ou psychiques, elles retentissent forcément sur l'équilibre du couple. De deux, on passe à trois : l'homme, la femme et la maladie. Selon le diagnostic, selon la gravité de la maladie et ses répercussions, le couple se soude ou explose. Certains conjoints aident, soutiennent parfois au-delà de leur force ; d'autres moins…

> Charlotte et Michel avaient tout pour être heureux. Jeunes, beaux, intelligents, riches. Leur mariage fut un conte de fées. Jusqu'à ce que

Charlotte soit atteinte d'une paralysie de la jambe droite qui, heureusement, diminua. Toutefois, le diagnostic de sclérose en plaques tomba. Cette maladie évolue par poussées qui régressent, mais l'avenir est en général sombre pour ceux qui sont atteints d'une forme sévère. Charlotte prit la décision de ne pas avoir d'enfant. Cette première crise l'avait éprouvée psychiquement et physiquement. Elle ne se voyait pas élever un enfant dans la mesure où elle ne savait pas ce qui allait se passer pour elle. Pour Michel, renoncer à avoir des enfants lui semblait difficile, il adorait sa femme. Il comprenait qu'une grossesse pouvait la fragiliser, mais même l'adoption n'était pas concevable pour Charlotte.

Gaétan avait rencontré Marie alors qu'il avait déjà eu un premier épisode délirant qui l'avait conduit à l'hôpital psychiatrique et qu'il était suivi régulièrement par un psychiatre pour des troubles bipolaires. Marie réfléchit et s'engagea à l'épauler si d'autres difficultés arrivaient. Elle se fit expliquer ses difficultés et s'assura qu'il prenait ses médicaments régulièrement. Ils eurent trois enfants. Deux rechutes arrivèrent à dix ans de distance, mais Marie était là et, voyant chaque fois que son mari n'allait pas bien, elle prit les devants, le fit consulter en urgence. Grâce à sa vigilance, il ne fut pas hospitalisé de nouveau. Jean-Louis et Delphine eurent à affronter différentes crises de couple. Lorsqu'on découvrit un cancer du sein agressif chez Delphine, Jean-Louis essaya de se montrer attentif, mais elle était convaincue que son cancer était lié à son stress, créé surtout par leurs difficultés conjugales. Elle lui en voulait beaucoup… Heureusement, elle vainquit son cancer. Ils se séparèrent un an après l'annonce de la rémission complète.

De nombreux cancérologues ont ainsi vu des couples exploser dans ces situations où le pronostic vital est engagé et où l'angoisse de mort est quotidienne. Pour ce qui est des maladies chroniques en général, le couple se modifie en fonction de la maladie et de son retentissement. De nombreuses recherches ont montré que l'équilibre du couple et son accompagnement permettaient de mieux équilibrer un diabète ou des hypertensions cardio-vasculaires. Il n'empêche, une maladie invalidante peut aussi sonner la fin du couple.

Les deuils

Trop de souffrance peut faire exploser un couple. Évidemment, on pense avant tout à la perte d'un enfant. Là où on pourrait attendre soutien et solidarité, la douleur peut ajouter d'autres drames à ceux qu'on a vécus.

> Julie et Pierre-Yves ont perdu leur unique enfant : il a été fauché à 4 ans par une voiture à la sortie de l'école. Pendant des mois, ils se sont retranchés chez eux, n'acceptant que de rares visites de proches. Julie, déprimée, n'arrivait pas à reprendre son travail et a sombré dans l'alcoolisme. Pierre-Yves ne trouvait pas au fond de lui les ressources pour l'aider. Il l'a quittée pour une amie d'enfance retrouvée à cette occasion. « J'ai sauvé ma peau », raconte-t-il quelques années après. Heureusement, Julie s'en est sortie également et a retrouvé un partenaire. Reste que ce couple n'a pas pu résister au drame.

Bien souvent, l'épuisement après la maladie grave d'un enfant peut aussi faire basculer l'univers parental. Lorsque je travaillais comme pédopsychiatre, j'ai été frappée par le nombre de couples qui explosaient au chevet de l'enfant malade. L'épreuve était tout simplement insurmontable, malgré les soutiens.

Le décès des ascendants (parents, grands-parents) ou des collatéraux (frères et sœurs) peut aussi amener un couple à la rupture.

> Arnold n'a pas compris la tristesse de sa femme Armelle lors du décès de sa grand-mère maternelle, à l'âge de 96 ans. C'était la première fois qu'elle vivait un deuil dans sa famille. Lui, en revanche, avait perdu très jeune sa mère, puis à l'âge adulte son père. À ses yeux, une grand-mère âgée, c'était triste, mais « dans l'ordre des choses ». Armelle lui en a voulu terriblement. Elle était envahie par les souvenirs de cette grand-mère adorée et passait le plus clair de son temps libre avec sa mère, délaissant ses propres enfants. Ce fut le début d'une grave crise de couple.

Pour Michael, venu consulter avec sa femme Agnès, le motif premier de leur conflit datait du décès de son père à lui. Il ne s'était pas senti soutenu par son épouse, laquelle expliquait qu'elle vivait à l'époque une grossesse difficile qui l'avait obligée à rester alitée plusieurs mois. Pour cette raison, elle n'avait pu se rendre aux obsèques de son beau-père. Elle aussi en voulait à son mari, car elle s'était sentie abandonnée pendant cette grossesse à risque.

Comprendre les difficultés de chacun, ses résonances dans son histoire de vie est nécessaire au maintien du couple.

La question du travail

Le modèle économique ouvrier qu'on cite souvent était le suivant : le jour de la paie, le mari remettait l'argent à sa femme, qui ne travaillait pas et tenait les « cordons de la bourse ». Elle lui donnait un peu d'« argent de poche » pour aller au bistrot avec les copains. Aujourd'hui, dans la plupart des couples, la femme travaille et reçoit un salaire. En France, 75 % des femmes ayant trois enfants ont un emploi, parfois à temps partiel. La plupart du temps, elles ont un salaire inférieur à celui de leur compagnon – ce qui n'est pas sans conséquences en cas de divorce, comme on le verra plus loin.

Les difficultés apparaissent lorsque les femmes arrêtent de travailler pour élever les enfants ou lorsque l'un des deux conjoints perd son emploi. Dans les deux cas, le couple doit vivre avec moins d'argent et donc repenser son mode de vie.

Se profile aussi le rapport entre salaire et estime de soi : bien souvent, ne plus recevoir de salaire crée un sentiment de dépendance et fait chuter l'estime qu'on a de soi. D'autant plus qu'élever ses enfants n'est plus considéré comme une tâche noble. Le droit le signifie bien, qui a instauré le congé parental rémunéré.

Judith et Pierre ont eu deux enfants. Secrétaire de formation, elle a préféré élever ses enfants que de retourner au travail. Pierre en a été soulagé et le couple a fonctionné de façon complémentaire et satisfaisante pendant plusieurs années. Judith se sentait toutefois dévalorisée chaque fois qu'on lui demandait dans les soirées ce qu'elle faisait dans la vie. Soutenue par son mari, elle s'est orientée vers l'art : elle s'est inscrite à l'école du Louvre et a repris plus tard un travail à temps partiel dans une galerie de peinture. Ce couple a su parfaitement gérer les étapes de la vie sans que Judith développe durablement le sentiment d'avoir « sacrifié » sa vie. Malheureusement, tous les couples n'évoluent pas comme cela.

La perte d'emploi est, bien sûr, une autre source de mésestime de soi et de dépression. Elle fait partie des événements douloureux à gérer dans le couple. Toutefois, le regard social a changé depuis quelques années : d'une part, on sait bien qu'on est souvent conduit à travailler dans plusieurs entreprises pendant sa vie professionnelle. Le temps où on entrait dans une entreprise pour y faire toute sa carrière est révolu. Mobilité et flexibilité sont les nouvelles donnes du travail. Parallèlement, perdre son emploi reste relativement bien compensé en France. Tout n'est pas rose, cependant. Surtout quand la situation dure. La famille se retrouve en insécurité financière, le chômeur se sent dévalorisé.

De plus, si la rupture professionnelle (même quand la rupture conventionnelle donne droit au chômage, même lorsqu'une transaction est intervenue) se passe mal, on ressent une injustice, on ne pense qu'à cela. Certaines ruptures, et de plus en plus d'ailleurs, conduisent également à des procédures judiciaires longues, coûteuses et qui envahissent le psychisme de l'individu et peuvent retentir sur le couple. La rupture conjugale peut alors devenir un effet collatéral, dirait-on aujourd'hui.

L'absence de travail peut conduire au divorce, mais le surinvestissement professionnel a également des effets pervers, comme le montre l'histoire suivante.

Marie-Hélène, convaincue qu'elle aimait son mari pour la vie et n'entendant pas ses reproches, n'a pas vu qu'elle courait à la catastrophe. Chef d'entreprise d'une PME familiale, il gagnait très bien sa vie et surtout savait s'organiser. Il faisait du sport, gérait la maison et organisait sa vie sociale avec ses nombreux amis. Marie-Hélène, elle, était le contraire. Son inorganisation pouvait faire parfois son charme ou agacer aussi. Drôle, sympathique, elle riait volontiers d'elle-même lorsque les invités arrivaient et qu'elle n'avait rien préparé pour le dîner. Son mari prit vite l'habitude d'anticiper, de tout organiser, de tout préparer. Marie-Hélène avait des responsabilités administratives. Elle rentrait le soir avec des dossiers et n'en finissait plus de les remplir, son travail de fonctionnaire débordant durant les weekends, tandis que ses enfants passaient leur temps au jardin et dans des activités sportives ou amicales avec leur père. Avec son souci de bien faire et son côté perfectionniste, elle s'engageait dans tous les séminaires et toutes les formations permanentes qui se présentaient au détriment de sa vie familiale.

Son mari lui répétait : « Essaie de travailler un peu moins, quand même. Après tout, tu es fonctionnaire et ton salaire n'est pas lié à ta quantité de travail. » Gagnant bien sa vie, lui pouvait assurer à sa famille un excellent train de vie. Évidemment, elle réagissait mal et lui répondait qu'il ne considérait pas son emploi comme quelque chose de fondamental. D'ailleurs, elle lui avait toujours dit qu'elle ne serait pas une mère de famille à la maison. Chaque été, il lui disait : « Tu sais, le temps passe, tu travailles de plus en plus ; tu consacres peu de temps à la maison, à la famille. » Et elle répondait chaque été : « Ne t'inquiète pas, je vais mieux m'organiser l'année prochaine, je ne ramènerai plus de travail le week-end à la maison. » Chaque année, la même histoire se répétait.

Progressivement, son mari s'est détaché d'elle. Et il a fini par rencontrer une jeune femme avec qui il eut une relation extraconjugale. Très tourmenté de cette situation, il a décidé de faire le point avec Marie-Hélène et de lui demander de modifier leur vie pour pouvoir se retrouver un peu plus. Rien n'y a fait. Et le couple s'est séparé quelques mois plus tard.

Dans de nombreux couples aujourd'hui, le travail, tout comme l'absence de travail, est source de tension. Combien de plaintes s'expriment autour des intrusions professionnelles dans l'espace privé !

> Caroline, avocate d'affaires, sent que son mari « n'en peut plus » des coups de fil qu'elle reçoit de son boss à 23 heures ou des mails qui n'arrêtent pas de tomber. Elle travaille pratiquement tous les soirs après le dîner.
>
> Jean-Pierre, gynécologue-accoucheur, est appelé à n'importe quel moment du jour et surtout de la nuit pour mettre au monde des bébés ! « Le plus beau métier du monde », dit-il. Certes, sa femme le comprend bien, mais, entre son mari qui se lève une nuit sur deux, ses deux enfants qui la réveillent aussi, elle est fatiguée, irascible. Son métier lui apparaît bien moins prestigieux que celui de son époux : elle est comptable dans une petite PME.

Tout couple vit ainsi de nombreuses tensions, mais le divorce n'est certainement pas l'unique solution. En clarifiant les motifs de discorde, en ajustant ou en modifiant son emploi du temps, en prenant le temps de se parler et surtout de s'écouter, les rancœurs et les malentendus se dissipent souvent. Les thérapeutes de couple ou les thérapeutes familiaux peuvent aider à apprendre à se parler de nouveau. Quelques entretiens suffisent parfois pour permettre de repartir sur de nouvelles bases.

CHAPITRE 4

Et si la séparation est inéluctable ?

« La qualité de leurs échanges verbaux a toujours constitué un problème entre eux, lui considérant qu'elle parle trop, elle qu'il parle trop peu ou mal à propos, l'un et l'autre admettant qu'ils s'écoutent mal, ce qui ne signifie pas qu'ils ne s'entendent pas, raconte Dan Franck. […] Il cherche une raison à cette distance qu'elle marque entre eux et n'en découvre aucune[1]. » Elle lui apprend peu après qu'elle est amoureuse d'un autre homme. Cela prendra du temps, cela demandera des discussions, cela causera beaucoup de souffrance, mais elle décidera de divorcer. Lui « songe qu'il va connaître la quatrième grande douleur de sa vie. Il a subi la première à dix ans, lorsque ses parents ont divorcé ; la deuxième huit ans plus tard, après un amour qui s'est tari ; la troisième d'une autre nature relève aussi de l'abandon. Ses misères profondes sont des chagrins d'enfant ».

La déconstruction du couple[2]

La décision de se séparer, qu'elle soit brutale ou progressive, arrive comme un tremblement de terre. Parfois, des menaces incessantes étaient proférées : « Si ça continue, je vais partir. » Ou plus violentes : « Fous le camp » ; « Sors de ma vie ». Un jour arrive où le constat est fait : la séparation est inéluctable. Tous les scénarios sont jouables : de la séparation élégante et bilatérale au départ précipité ou prémédité laissant l'autre en état de choc. Dan Franck écrit : « Aujourd'hui rien n'est plus comme avant. Aujourd'hui, quatre semaines après la confidence originelle, la bataille des enfants a commencé[3]. »

Julien se souvient : « Mon père est parti sans prévenir, quinze jours avant mes épreuves du baccalauréat. Ma mère est restée prostrée. Elle n'avait rien vu venir. On a appris très vite que mon père était parti vivre avec une amie de ma sœur. J'ai raté mon bac. Et surtout, j'ai dû arrêter mes études et chercher un emploi car ma mère ne travaillait pas. Mon père n'a pas donné d'argent au début. Ma mère s'était occupée de ma sœur et de mon petit frère. Elle n'avait pas de profession. J'ai pris le taureau par les cornes et j'ai trouvé en quelques jours un travail de magasinier. Nous n'avons eu des nouvelles de notre père qu'au bout de six mois. Il a fallu plusieurs années pour que ma mère trouve une situation et surtout qu'elle se remette de cette histoire. »

Agnès témoigne aussi : « Mon mari m'avait dit qu'il partait en déplacement professionnel. Quand il est rentré, il m'a avoué qu'il avait rencontré une autre femme deux ans auparavant et qu'il partait avec elle. Je me suis écroulée en pleurs. "Ce n'est pas la fin du monde, m'a dit-il dit. Tu vas t'en remettre !" J'avais un autre homme devant moi que je ne reconnaissais plus. Il était froid, cassant, déterminé.

Le soir même, il est parti. Je lui avais demandé d'attendre quelques jours pour que nous puissions parler aux enfants, qui avaient à l'époque 6 et 8 ans. Il a refusé. Le monde s'est écroulé pour moi. J'étais incapable de retourner travailler. Je pleurais tout le temps. J'avais honte car mes enfants me consolaient. Mes parents, heureusement, m'ont beaucoup aidée, aussi bien sur le plan matériel que sur le plan logistique. Sans eux, je ne sais pas comment je m'en serais sortie. »

Max est rentré de chez sa mère, âgée et malade. Cela faisait long-temps que sa femme ne voulait plus l'accompagner pour ces visites difficiles. À sa grande surprise, il a trouvé un mot et l'appartement vidé : « Je te laisse l'appartement. J'ai trouvé une location. Mon avocat va te contacter. Tu pourras voir les enfants un week-end sur deux. »

Les exemples sont innombrables, la plupart du temps traumatiques. Citons deux exemples très médiatiques : Françoise Giroud fit une tentative de suicide très grave et fut sauvée de justesse lorsque Jean-Jacques Servan-Schreiber la quitta pour Sabine de Fourquière ; Valérie Trierweiler écrivit un livre vengeur sur sa relation avec son François Hollande. Elle aussi fit une tentative de suicide après la révélation de l'infidélité de son compagnon par les médias.

La rupture unilatérale est évidemment plus douloureuse, et la façon dont elle s'organise peut laisser des traces indélébiles. Il arrive que des personnes réagissent par des tentatives de suicide (comme dans les exemples célèbres cités ci-dessus) qui sont toujours à prendre très au sérieux. Le suicide peut parfois sembler la seule issue possible.

> Lorsque Robert, après avoir rencontré une autre femme, s'est séparé de Mireille, on l'a retrouvée inanimée et les secours lui ont sauvé la vie de justesse. Hospitalisée en milieu psychiatrique, elle a été soignée, mais restait très fragile. En accord avec les psychiatres et les avocats, Robert a accepté de temporiser, de ne pas demander le divorce tout de suite et d'attendre que Mireille se reconstruise. Il n'a divorcé qu'au bout de quatre ans, mais dans un climat apaisé. Il n'a jamais su que, dans les premières semaines de leur séparation, Mireille avait aussi ébauché un plan pour l'assassiner.

Les tentatives de suicide ne sont pas réservées aux femmes. Certains hommes aussi réagissent très mal aux séparations.

> Emmanuel a reçu un jour une lettre d'avocat lui signifiant la demande de divorce de sa femme. Des problèmes professionnels l'envahissaient depuis de nombreux mois. Harcelé par l'arrivée d'un nouveau supérieur qui l'avait placardisé, il se sentait pris dans un

goulot d'étranglement, proche du burn-out. La lettre de l'avocat a représenté la goutte qui a fait déborder le vase. Il s'est suicidé le lendemain.

La souffrance ne se compare pas, mais les séparations avec enfants sont évidemment beaucoup plus difficiles. Cette décision retentit aussi sur les familles d'origine, les beaux-frères et belles-sœurs, de sorte qu'on parle désormais de « dommages collatéraux » : des grands-parents, qui avaient construit des liens harmonieux avec leur belle-fille ou leur gendre vont les rompre ; les oncles, les tantes ne reverront plus les belles-sœurs, les beaux-frères, etc.

> Michel s'est effondré lorsqu'il a appris que sa fille Émilie et son gendre se séparaient. Un couple idéal, trois enfants magnifiques. Le coup a été encore plus violent lorsque sa fille lui a expliqué les raisons de cette séparation : elle avait eu une liaison avec un homme, son mari l'avait appris et n'arrivait pas à lui pardonner. Elle-même ne savait plus où elle en était. Michel adorait son gendre, qu'il avait considéré comme un fils dès leur première rencontre. Il était déprimé et surtout en voulait à sa fille d'avoir « tout gâché ». Son épouse était beaucoup plus compréhensive, mais n'arrivait pas à le raisonner. Émilie se révoltait : « J'ai déjà assez de mal à gérer mon divorce et il faut en plus gérer la dépression de mon père... »

Se séparer lorsqu'on n'a pas d'enfant met en jeu évidemment beaucoup d'affect et de souffrance, mais la séparation peut être effective et définitive. Au contraire, on ne se sépare jamais complètement lorsqu'on a des enfants en commun. Au mieux, on gère une distance émotionnelle qui se régule avec le temps. Il faut en effet du temps pour que se mettent en place une autre forme de relation et une coparentalité, où les deux parents, même séparés, soient impliqués. On pourrait d'ailleurs dire plus généralement qu'il y a un rapport entre le nombre d'années passées en commun, le nombre d'enfants, leur âge et le temps nécessaire à cette déconstruction, pour permettre de panser les plaies et de se retrouver. Et cette équation temps-nouvel équilibre se complexifie avec d'autres paramètres : traumatismes antérieurs, santé des enfants, relations avec sa famille d'origine, investissement professionnel, problèmes financiers et, bien sûr, raisons qui ont conduit à cette séparation…

Ce qui est sûr, c'est qu'une fois la décision prise, celui ou celle dont elle émane voudrait très vite tourner la page. Tout se passe comme si les moments qui avaient précédé le choix représentaient des temps de réflexion ; et puis arrive la décision, et puis l'action quand on peut se dire : « Tout est clair pour moi, je peux tourner la page. » Prendre la décision de la rupture ne signifie pas que l'on a élaboré le processus de séparation. C'est souvent l'envie de se mettre en action, d'organiser activement la rupture qui fait urgence.

> Jeanne raconte son histoire ainsi : « Je me suis réveillée un matin, tout était clair dans ma tête. J'ai regardé mon mari dans les yeux et je lui ai dit : "Je ne t'aime plus, on se sépare. J'aimerais que tu quittes la maison le plus vite possible. On s'arrangera pour les enfants." » Une semaine après, il n'avait toujours pas trouvé de domicile : elle l'a renvoyé chez sa mère.

Pas facile de rester seul(e) avec de jeunes enfants, de mener une vie professionnelle et de gérer seul(e) la souffrance de la séparation, la peine des enfants. La capacité d'autonomie personnelle et celle de rebondir jouent aussi.

> Gérard sentait bien que, depuis des années, sa femme et lui ne partageaient plus rien. Depuis le départ des enfants de la maison, ils étaient à peine colocataires. À 57 ans, il appréhendait l'arrivée de la retraite, car seules ses activités professionnelles l'intéressaient et lui permettaient de fuir la maison. Or, disait-il, « je ne pourrais jamais faire cela à ma femme, c'est-à-dire la quitter. Elle n'a jamais travaillé, a peu d'amis, pas de centres d'intérêt ». Cette situation, sans espoir,

sans solution, déclencha un état dépressif qui le conduisit à consulter. Et puis, à sa grande surprise, sa femme décida de le quitter… pour s'installer avec une autre femme.

D'autres éléments entrent en ligne de compte : la santé en particulier, la sienne ou celle des enfants, et celle des grands-parents aussi.

Gilles et Madeleine ont vécu des moments difficiles lorsqu'ils ont appris que leur fille aînée, Juliette, âgée de 17 ans, était atteinte d'une maladie de Hodgkin. Aujourd'hui, elle est en rémission et les médecins sont optimistes. Elle devrait être guérie, mais il faut attendre encore trois ans pour en être sûr. Madeleine a eu l'impression de ne pas être soutenue dans cette épreuve. Gilles s'inquiétait certes, mais ne venait presque jamais aux consultations médicales, aux scanners, IRM et autres examens. Il expliquait qu'il n'avait pas pu se libérer, que son travail était trop prenant… Madeleine travaillait aussi, mais elle s'était arrêtée pour aider leur fille. Une fois Juliette guérie, les conflits du couple se sont aggravés. Madeleine en voulait à son mari de ne pas avoir été présent, ni soutenant. Ces reproches s'ajoutaient à d'autres plus anciens. Gilles l'avait toujours dévalorisée, il était égocentrique, etc. Lui reprochait à sa femme d'être autoritaire. Ils se sont séparés.
Quant à Fabienne, elle, a pris la décision de quitter son mari après avoir reçu le verdict de cancer du sein agressif. Programme : dix-huit mois de chimiothérapie et de radiothérapie après l'ablation du sein. Ses frères et sœurs, ses enfants déjà adultes l'ont suppliée de différer sa décision, mais rien n'y a fait. « J'ai besoin de toute mon énergie pour me battre contre mon cancer. Cette maladie m'a donné le courage de changer de vie. » Deux ans après, elle est en rémission complète et ne regrette pas sa décision.

Il faudra attendre souvent plusieurs années pour que les relations entre les ex soient pacifiées. En tout cas, la déconstruction se compte en années et non pas en mois – et il faut rarement moins de trois à cinq ans. Autant le savoir pour l'anticiper.

Des phases proches de celles du travail de deuil

• Le déni : « C'est une petite crise, tout va s'arranger, comme aupara-vant » ; « Il (elle) va revenir » ; « Je le (la) connais, il (elle) change d'avis souvent » ; « C'est une séparation pour réfléchir »...
• La colère : « Je n'aurai jamais pensé cela de lui (d'elle) » ; « C'est plus facile pour elle (ou pour lui) » ; « Il (elle) a ses parents pour l'aider » ; « Après tout ce que j'ai fait pour lui (elle) »...
• La dépression, la tristesse : « Je pleure toute la journée » ; « Je n'ai goût à rien » ; « Tout me coûte, me lever, me laver, m'habiller »...
• La dévalorisation : « Je ne suis plus rien » ; « Ma vie est terminée »...
• La négociation : « Essayons encore quelques mois » ; « Je ferai des efforts »...
• L'acceptation : « Je me suis résigné(e) » ; « La séparation est en marche » ; « Il (elle) ne reviendra pas »...

La fin de la vie commune

Il est difficile de comprendre ce que signifie cette fin de vie commune. Là encore, les situations ne sont pas toutes semblables.

Le plus souvent, lorsque la décision unilatérale ou bilatérale s'annonce, la vie commune devient encore plus difficile : on coha-bite et on essaie de ne pas se croiser. Alternativement, les parents sortent de leur côté pour éviter de passer des soirées ensemble. La tension peut cependant vite monter, les disputes autour des enfants se renforcent...

Qui doit partir ? La plupart du temps, les femmes pensent qu'il est plus juste qu'elles gardent l'appartement ou la maison familiale même si elles sont à l'origine de la décision de séparation. Les hommes ne l'entendent pas toujours de cette oreille : ils se sentent chez eux et ne souhaitent pas abandonner leur domicile, surtout si c'est la femme qui a décidé de partir. Ils se disent : « Elle me quitte et, en plus, elle voudrait que je lui laisse l'appartement ! »

En général, et à l'inverse, lorsqu'ils choisissent de se séparer parce qu'ils ont noué une liaison extraconjugale, ils s'en vont et prennent un autre logement.

Pour les avocats, il ne faut pas quitter le domicile conjugal car il s'agit d'un « abandon de domicile » sauf s'il y a violence conjugale ; il faut alors déposer une main courante ou porter plainte.

Pourtant, cohabiter lorsqu'il y a des tensions les majore et risque de faire éclater la violence. D'autant que cette cohabitation n'aide pas à la discussion : on s'évite à tout prix, on dîne à des moments différents, on dort sur le canapé ou avec les enfants, qui comprennent bien la situation et en souffrent.

La situation est plus difficile encore lorsqu'il faut vendre l'appartement familial. Les visites des agences et des acheteurs potentiels augmentent les tensions. L'appartement doit être impeccable pour les visites, il faut sourire en expliquant la raison de la vente de l'appartement : « Eh oui, nous nous séparons… »

Il faut compter au mieux trois à quatre mois pour vendre un appartement et en moyenne six mois si les vendeurs acceptent le prix du marché. En attendant, continuer à habiter sous le même toit n'est pas facile lorsqu'on est devenu, selon le titre d'un ouvrage de Lillian Rubin, des « étrangers intimes[4] ». L'agressivité est constante et difficilement canalisable, banalisée.

> Jean-Jacques a vécu cette situation. Après dix ans de mariage et deux superbes filles de 5 et 3 ans, il a rencontré une collègue de bureau, divorcée depuis plusieurs années et il est progressivement devenu « ami » avec elle. Il s'est rendu compte qu'elle était gaie, drôle, très « mère poule ». Il a pris conscience que son épouse était froide, dure et surtout qu'il lui avait imposé ses grossesses. Elle ne souhaitait pas avoir d'enfants et lui en rêvait. D'ailleurs, elle s'occupait peu des filles et les confiait à des baby-sitters, même le week-end. Comme Jean-Jacques, qui travaillait beaucoup en semaine, adorait jouer avec ses filles le week-end, il se retrouvait au jardin avec la baby-sitter… Il décida de quitter sa femme. Or l'appartement appartenait aux deux époux : il fallait donc vendre. L'ambiance au quotidien était

infernale, les baby-sitters faisaient tampon, mais elles aussi ne supportaient pas ces tensions et les unes succédaient aux autres.

Comment passer du couple parental à la coparentalité

Ce passage du couple parental à la coparentalité est en effet ce qu'on attend d'un couple qui se sépare. Et c'est le programme officiel donné aux enfants : « Papa et Maman se séparent, mais ça ne changera rien pour vous, vous aurez toujours votre papa et votre maman. » Dans la réalité concrète, il faut le plus souvent des mois et parfois des années pour que la coparentalité fonctionne bien.

En effet, la séparation n'annule pas les sentiments et on reste attaché plus longtemps qu'on le pense. Certes, tout comme le sentiment amoureux n'est pas constant, on peut aimer et détester en même temps. Nous sommes des êtres d'émotions et ces émotions se modifient, se nuancent, se mêlent : l'agressivité peut remplacer l'amour, mais on n'est pas indifférent. Des agacements qu'on ressentait du temps de la vie commune peuvent s'exacerber, de petits compromis naguère acceptés ne sont plus tolérés. Toute la gamme des émotions y passe, surtout négatives, mais des souvenirs peuvent ressurgir et rappeler les moments heureux… qu'on veut chasser très vite de peur de souffrir.

La séparation représente une période longue et envahissante pour aboutir au deuil de cette famille et de ce couple qu'on a voulu créer, de l'autre qui a été un jour celui ou celle qu'on a aimé(e). Même dans les divorces « amiables », la souffrance est là et chacun doit prendre sur lui. La nouvelle organisation de la famille, l'articulation entre maison, école, baby-sitter, demande à être mise au point. Faut-il encore se voir ou ne pas se voir ? La question n'est pas simple et douloureuse à trancher.

Alban a proposé à Chloé de passer tous les matins prendre les enfants pour les conduire à l'école. Or, très vite, Chloé va lui demander d'arrêter, car ce qui paraissait être une bonne idée s'avère difficile pour elle. Elle est tendue le matin, guettant Alban, s'énervant de la moindre minute de retard. Elle comprend vite que sa présence est douloureuse pour elle et que son agressivité vis-à-vis de son ex retombe sur les enfants.

Il faut instaurer de nouvelles règles de communication. Comment procéder ? Se voir peut être douloureux, les conversations téléphoniques peuvent mal tourner et devenir des disputes, les mails doivent être soigneusement relus pour ne pas être des missiles qu'on envoie à l'autre avec copie à l'avocat, les SMS sont souvent brefs et secs, prêtant aux malentendus. À quel rythme se contacter ? Chacun doit inventer son rythme et son mode de communication.

Souvent, la communication autour des enfants est formulée comme des reproches. Au lieu de dire : « Tu vas encore confier les enfants ce mercredi à tes parents ! », il vaudrait mieux dire : « Je sais que tu as beaucoup de travail et que tu es triste de ne pas t'en occuper ce mercredi, mais tes parents seront heureux de les avoir. » Au « tu » souvent directif, il faut préférer le « je ».

Cela demande un certain recul – ce qui est justement difficile dans les premiers temps –, beaucoup de souplesse et surtout d'admettre que l'autre est de bonne foi. Là encore, juste après la séparation, quand on est encore secoué, agressif, voire franchement hostile ou qu'on se sent coupable d'être parti, il est bien difficile de se dire que l'autre est de bonne foi, qu'il (ou elle) ne fait pas tout pour « se débarrasser des enfants, comme d'habitude ». Ainsi faut-il le plus possible éviter les sous-entendus qui peuvent dégénérer (« Ils ont les yeux cernés, ils ont dû trop regarder la télé », sous-entendu : « Tu ne t'en es pas occupé ») ou, au contraire, les critiques trop directes ramenant de vieux griefs (« Vu tes talents culinaires bien connus, je me demande bien ce qu'ils ont mangé ce week-end ! encore des pâtes et de la pizza... »). Ce qui n'empêche pas de rappeler l'autre à ses devoirs quand il le faut. D'où la nécessité de se mettre d'accord sur des règles et des routines, sur un cadre sur lequel chacun puisse se fixer, qui évite les discutailleries permanentes et serve de référence, créant aussi un climat de sécurité pour les enfants.

En somme, il faut apprendre à respecter l'autre, à respecter celui qui n'est plus un mari ou celle qui n'est plus une épouse, mais le père ou la mère de ses enfants. Ce qui est particulièrement ardu à une période où on nourrit des sentiments forcément assez négatifs à son endroit. On comprend que cela prenne du temps et demande de l'abnégation. Car, en l'occurrence, ce n'est plus à soi qu'il faut penser (« Je le déteste, je souhaite qu'il meure, il m'a trahie »/« Quelle salope ! Quand je pense à tous les efforts que j'ai faits pour la supporter… »), mais prioritairement à ses enfants (« Quoi qu'il en soit, c'est leur père/leur mère »). Pas simple si l'autre se montre réellement négligent, déficient ou indifférent en la matière. Là encore, ce sont les enfants qui sont le point de repère : l'autre a peut-être de gros torts vis-à-vis de soi (ou du moins, on lui en veut beaucoup), mais cela ne signifie pas automatiquement qu'il en a vis-à-vis d'eux. Il convient de ne pas mélanger les registres. Et surtout de ne pas postuler d'emblée que l'autre va mal faire, qu'il va nécessairement être un « mauvais père » ou une « mauvaise mère ».

L'approche doit aussi être très concrète, très quotidienne. Il faut en effet s'entendre sur les questions de santé (j'ai vu des enfants être vaccinés deux fois par deux différents pédiatres), sur les basiques de l'éducation, sur certaines activités ou objets désormais clés (à quel âge un téléphone mobile ? console de jeux ou pas ? quels films ? combien de temps par jour sur l'ordinateur ? vêtements « de marque » ou pas ?), sur les rythmes de vie (à quelle heure le coucher des petits ?), sur le choix de l'établissement scolaire, des langues, des sports, des loisirs (qui règle les cours de piano ? qui l'emmène au foot ?), sur les anniversaires et les fêtes (qui a les enfants à Noël ?), sur les vacances, sur les questions religieuses (quand les parents n'ont pas la même), sur les études plus tard, etc.

La liste est longue, montrant combien la coparentalité peut alimenter, si on y met le mauvais esprit dont chacun de nous est capable quand il le veut, toutes les controverses, les conflits et les mesquineries possibles et imaginables (« Pourquoi, quand j'ai retrouvé les enfants, ils avaient de vieux t-shirts troués alors que je viens de leur en acheter de très jolis ? Tu as fait quoi des neufs que j'avais mis dans leur sac ? Tu les as revendus ? »). Les querelles à propos du linge sale peuvent continuer même après une séparation ! Redisons-le donc : souci des enfants et abnégation, respect de l'autre, clarté et aussi souplesse doivent primer.

Il est clair en tout cas que l'effort pour mettre en place une véritable coparentalité, en incitant à faire preuve de recul, de pragmatisme, en invitant à « déposer les armes », va en retour favoriser l'acceptation de la séparation et la recherche d'une certaine harmonie entre les ex-conjoints. Cela fonctionne dans les deux sens : quand la déconstruction du couple se fait mal, la coparentalité est délicate, et *vice versa*. Le divorce n'en sera que plus compliqué.

Pour autant, même lorsque prévaut l'apaisement et qu'un certain équilibre est installé autour des enfants, cela ne signifie pas que retrouver une « nouvelle vie » soit aisé. C'est toute la difficulté qu'éprouvent de nombreux parents séparés, même lorsque la séparation est « bien » assumée de part et d'autre. Il faut apprendre à vivre sans l'autre, et parfois sans les enfants…

Le paradoxe d'une nouvelle vie

Le plus souvent, une période de monoparentalité suit la séparation. Il faut apprendre à vivre seul(e) avec les enfants, ce qui n'est jamais aisé, ce qui est lourd au quotidien et anxiogène quand on a l'impression de devoir « tout gérer », d'être toujours sur le pont et quand les enfants sont petits ou au contraire qu'on s'inquiète de la façon dont ils grandissent. On comprend alors parfois que l'autre, ce « gros flemmard », aidait quand même un peu, ne serait-ce que pour surveiller le petit quand le grand faisait ses devoirs ou pour aller chercher des médicaments en pleine nuit. La charge n'est pas seulement concrète (les « corvées »), matérielle ou financière ; elle est aussi morale : on doit prendre dans l'instant toutes sortes de « petites » décisions : gérer les soucis de santé, les problèmes scolaires, les bêtises ou les difficultés de comportement, avec le sentiment d'être l'unique responsable, sans l'autre parent avec qui échanger au quotidien, ce qui, même si cela déclenchait des disputes, aidait au moins à décharger sa tension et ses inquiétudes, à défaut de permettre de trouver des solutions.

Les statistiques sont là : les femmes se remettent en couple plus tard que les hommes, en partie parce qu'elles ont davantage la garde des enfants et sont moins disponibles pour sortir. Bien sûr, il y a ceux ou celles qui partent pour retrouver l'« autre », mais, même dans ce cas, la nouvelle vie n'est pas toujours immédiate lorsqu'on a des enfants, y compris quand on pratique la garde alternée : tout le monde n'est pas prêt à vivre avec quelqu'un dont les enfants débarquent une semaine sur deux !

Ce n'est pas aisé pour les enfants eux-mêmes. Combien de parents leur ont présenté leur nouvel amoureux sans prendre la mesure de ce que cela représentait pour eux ? Combien d'enfants ont pâli en comprenant, à la sortie de l'école, devant les copains, ou lors d'un goûter d'anniversaire, que leur père ou leur mère était déjà remplacé ?

Nous ne le dirons jamais assez, la façon dont on se sépare préjuge de la suite. Plus la séparation est violente et maladroite, plus l'agressivité et la judiciarisation risquent de dégénérer. Et plus vite on recompose, plus les blessures restent béantes pour l'autre.

Gilles, cinq ans après que sa femme l'a quitté pour un autre homme, répète en boucle : « Il dort dans mon lit, couche avec "ma" femme, met ma robe de chambre et mes pantoufles. Et de plus, comme il ne travaille pas, il vit avec mon argent, la pension alimentaire conséquente que je paie. Tous les matins, c'est lui qui petit-déjeune avec mes enfants. »

L'installation du nouveau compagnon ou de la nouvelle compagne dans le lit conjugal encore chaud est une vraie violence pour les enfants et pour l'ex.

Se remettre en couple et surtout sceller la nouvelle union par l'arrivée d'un nouvel enfant trop tôt, voilà qui ne peut qu'exacerber la jalousie, les rancœurs, les rivalités. En témoigne l'une des situations les plus tristes que j'aie eues à gérer dans mes consultations.

> Jacques a quitté Maureen car il a eu un coup de foudre pour une autre femme. Il est parti quelques semaines après et voyait ses deux enfants de 9 et 13 ans tous les quinze jours. Il leur a annoncé brusquement l'année suivante qu'ils avaient un petit frère. Sa fille raconte quelques années plus tard : « On était en voiture lorsqu'il nous a dit qu'il y avait une surprise à la maison : un petit frère. »
> On a détecté un cancer gravissime chez Maureen qui a fait jurer à ses enfants de ne rien dire à leur père. Les relations se sont estompées entre les enfants et le père, qui a déménagé en province. Maureen est morte. Les enfants refusant d'aller vivre chez leur père, l'aîné qui allait sur ses 18 ans a obtenu la garde de sa sœur. Ils sont restés tous les deux dans l'appartement de leur mère. C'est le père, sur le conseil d'amis, qui m'a contactée à ce moment.

Une deuxième chance en amour

C'est le titre de l'ouvrage que j'ai publié avec Stéphane Clerget[5] pour montrer qu'en dépit du sentiment de ne jamais pouvoir reconstruire après une séparation, malgré tout, une autre histoire d'amour, différente, peut arriver. L'exemple le plus fréquent est celui de la rencontre fortuite quelques années après une séparation.

Mme J. vit une retraite heureuse auprès de son second mari. Leur vie n'a pas toujours été simple, et pourtant ils rayonnent de bonheur depuis vingt ans, après leur première rencontre aux Alcooliques Anonymes.

Marc, abstinent depuis plusieurs années, était resté impliqué dans la vie associative des AA ; Anne-Marie le croisait quelquefois, mais son parcours était émaillé de rechutes. Elle avait sombré dans l'alcoolisme quelques années plus tôt, au moment de la découverte de l'infidélité de son premier mari. L'alcool était déjà présent dans sa vie, mais « normalement ». N'étant jamais ivre, elle sous-estimait sa consommation. Pourtant, elle avait vu sa propre mère alcoolique se dégrader progressivement après le décès de son père.

Les naissances successives des deux enfants avaient aggravé la mésentente du couple. Anne-Marie reprochait à son mari de ne pas l'aider, d'être trop laxiste vis-à-vis de ses fils. Quand elle avait découvert qu'il avait une liaison avec une collègue de bureau, les disputes étaient devenues terribles et il l'avait quittée. Elle avait alors fait une tentative de suicide et avait été hospitalisée.

La décision de garde alternée avait alors renforcé son alcoolisme : quand les enfants arrivaient, elle se tenait correctement et parvenait à faire face à la vie quotidienne, mais la semaine où ils n'étaient pas là, c'était dramatique. Ensuite, elle avait été licenciée de son emploi d'assistante, ce qui avait encore renforcé son alcoolisme et ses difficultés financières. L'avocat de son mari en avait alors profité pour demander qu'elle soit déchue de ses droits maternels et exiger la garde complète pour le père. Son avocate à elle l'avait bien soutenue et avait fait appel, réussissant avec l'aide d'un psychiatre à calmer un peu les choses.

C'est alors qu'Anne-Marie avait rejoint les Alcooliques Anonymes et suivi une psychothérapie beaucoup plus active. À partir de ce moment, elle était devenue abstinente : la neuvième cure de désintoxication aura été la bonne. Le jour de son deuxième anniversaire d'abstinence aux AA, elle rencontrait son second mari…

CHAPITRE 5

Quel retentissement sur les enfants ?

Humour juif : Rachel et Schlomo appellent leurs enfants qui habitent au loin : « David, ta mère et moi nous avons l'intention de nous séparer… » David, bouleversé, réplique : « Ne faites rien, je prends l'avion et j'arrive ! » Puis ils appellent leur fille Eva : « Eva, ta mère et moi nous voulons divorcer… » Eva, sous le choc, réagit comme son frère : « C'est impossible… Attendez-moi, je prends le premier avion ! » Même scénario avec leur troisième enfant, Mickael. Alors, Schlomo souriant, se retourne vers sa femme et lui dit : « Tu vois, Rachel, ils viennent tous les trois pour les fêtes. Et pour une fois, on ne paiera même pas les billets d'avion ! »

L'annonce de la séparation

L'annonce d'une séparation est évidemment très importante et retentit comme un coup de tonnerre pour les enfants, même si le couple était conflictuel auparavant, même si le mot divorce avait été prononcé de nombreuses fois au cours des disputes. Lorsque les enfants apprennent que leurs parents se séparent, ils sont rarement préparés à cette situation et réagissent de différentes façons : ils peuvent déprimer, ils peuvent être en colère, ils peuvent accepter, ils peuvent se révolter. Selon leur âge, leur personnalité et le contexte, ils montrent des émotions très différentes.

Ces émotions se rapprochent d'ailleurs des émotions parentales et s'apparentent au travail de deuil, passant par les mêmes étapes, comme nous l'avons évoqué au chapitre précédent.

Il faut savoir que de nombreux enfants ne manifestent apparemment rien au moment de l'annonce officielle de la séparation ; en revanche, peu de temps après s'installent des retentissements somatiques, des difficultés scolaires, des troubles du sommeil… En général, l'expression verbale des difficultés est rare avant la préadolescence, mais le non-verbal, le corps s'exprime, lui !

Comment leur dire ?

L'annonce du divorce doit se faire avec l'ensemble des enfants car si on doit l'annoncer séparément, l'un d'eux peut avoir le sentiment d'être privilégié ou, au contraire, rejeté. L'annoncer à tous au même moment permet aux enfants de se dire à égalité vis-à-vis des parents, de mieux comprendre les informations qu'ils reçoivent et, éventuellement, d'en discuter ensemble.

Si la communication est correcte entre les parents, il est souhaitable qu'ils puissent communiquer ensemble l'information de la séparation. Ils peuvent ainsi se soutenir l'un et l'autre, avoir un discours commun et montrer qu'ils forment déjà une « équipe parentale ». Ce faisant, ils mettent en place une coparentalité même s'ils annoncent la fin de la famille telle qu'elle existe.

Par contre, si la communication est vraiment très agressive et compliquée, il faut réduire le temps de l'annonce et prendre séparément les enfants pour leur expliquer les conséquences pour eux de cette séparation.

Que leur dire ?

Il est crucial de ne pas fournir d'explications sur les motifs de la séparation, de ne pas donner de détails sur l'intimité du couple – par exemple, sur l'infidélité qui conduit à cette séparation. Les enfants ont rarement la maturité pour comprendre et, de plus, ils n'ont pas à prendre parti dans les conflits de couple, pour l'un ou l'autre parent.

Un certain nombre d'informations doivent en revanche être communiquées et il est important de préparer à l'avance ce que l'on souhaite dire. Il faudra préciser ce qui va changer pour eux, mais aussi bien indiquer qu'il s'agit d'un changement pour tout le monde, que ce n'est pas de leur faute ni lié à une erreur de leur part. De manière générale, les enfants n'ont pas à prendre en charge les adultes ; c'est aux adultes de faire face à leurs responsabilités, de se soutenir ou de se faire aider par d'autres adultes. Les enfants, eux, doivent rester des enfants.

Bien sûr, tous les enfants ont envie que leurs parents reviennent ensemble. C'est pourquoi il est primordial, pour aider tout le monde à mieux vivre dans cette situation, de préciser que la décision a été mûrement réfléchie, qu'elle est claire, arrêtée et définitive.

Très vite, il faut expliquer les éléments concrets concernant les deux maisons et l'organisation telle que les parents la voient. Il faut aussi prendre du temps afin de comprendre les réactions des enfants et ne pas hésiter à leur poser des questions. On voit parfois des enfants quitter la pièce en s'écriant : « J'ai compris. Maintenant je peux aller jouer ! », parce que l'émotion est tellement forte qu'ils ont besoin de se recentrer sur autre chose.

La séparation, si elle reste un traumatisme majeur dans de nombreuses situations, peut être le début de la fin d'un cauchemar. Pendant des années, les disputes et les cris ont rendu l'ambiance familiale terrifiante. Les enfants ont été élevés dans l'insécurité, dans l'enfer parfois. Dans ce cas, un divorce peut annoncer un soulagement pour tout le monde, parents et enfants.

Que faire selon les âges ?

Dans *Kramer contre Kramer*, réalisé par Robert Benton en 1979, Dustin Hoffman joue le rôle d'un publicitaire dont la réussite se fait au détriment de sa famille. Il néglige son épouse, interprétée par Meryl Streep, qui décide alors de tout quitter, même son fils Billy, se croyant indigne de s'en occuper.

Alors âgé de 7 ans, Billy restera durant dix-huit mois (durée que raconte la presque totalité du film) avec son père. Après des débuts difficiles s'installe une bouleversante complicité entre les deux « hommes ». C'est alors que Joanna Kramer, après un séjour en Californie où elle a pu réfléchir sur elle-même, revient à New York et entame une procédure judiciaire pour recouvrer la garde de son enfant.

S'ensuit une bataille juridique à l'issue incertaine.

Chaque histoire est différente, chaque famille va réagir différemment à la séparation. Tout dépend évidemment de l'âge des enfants, du moment où a lieu la séparation (elle peut coïncider avec un autre fait marquant pour la famille, comme le déménagement des grands-parents, la maladie d'un proche, un changement de travail ou le chômage de l'un des parents...), de la capacité émotionnelle de chacun à réagir, de ses antécédents propres (par exemple si l'enfant est adopté ou a eu de graves problèmes de santé), de sa fragilité personnelle ou, au contraire, de sa sécurité intérieure. La famille élargie et le cercle d'amis sont des aides précieuses dans la mesure où ils peuvent, eux aussi, prendre soin des enfants dans cette situation difficile.

De la naissance à 3 ans

Les enfants à cet âge dépendent complètement de leurs parents ou de ceux qui les ont en charge – les relations sont ainsi très fortes avec une grand-mère, une nounou… Les besoins physiques et affectifs sont importants et le développement psychomoteur est là pour témoigner de leur bonne évolution.

Les tout-petits ont nécessairement une compréhension très limitée de ce qui se joue : seuls comptent la maison, leur chambre, leurs jouets, leur famille. Ils ne peuvent comprendre des mots tels que « séparation » ou « divorce ». C'est plutôt l'émotion, la communication, le regard, la tristesse des parents qui leur font prendre conscience que quelque chose de grave se passe. Ce n'est que progressivement qu'ils vont être amenés au quotidien à réaliser ce que représente cette séparation.

Il est important de conserver le même rythme, c'est-à-dire de maintenir les mêmes modes de garde, de conserver les mêmes heures de coucher, de préserver leur doudou, leur environnement.

Il faut aussi surveiller les modifications du sommeil, les modifications de l'alimentation, des apprentissages, les pleurs, la tristesse, les crises, etc. Pour cela, il ne faut pas hésiter à prendre l'avis de toutes les personnes qui prennent soin de l'enfant afin de s'assurer qu'il a le même comportement chez la nourrice ou à la crèche. Ne pas cesser de le rassurer et essayer de passer le maximum de temps avec lui est évidemment crucial.

De 3 à 6 ans

À cet âge, les enfants vont à la maternelle et participent à des jeux et à des apprentissages avec d'autres enfants, ce qui leur permet d'avoir un univers séparé de celui des grandes personnes et de leurs parents. Ils peuvent se ressourcer avec leurs amis. Là encore, les mots « divorce » ou « séparation » ne représentent pas grand-chose. C'est plutôt le fait de vivre dans deux maisons qui témoigne de la situation et celui de ne plus voir les parents ensemble.

En général, ils ne savent pas très clairement ce qu'ils ressentent : il appartient aux parents de traduire les comportements et de voir si des difficultés émergent, comme pour les tout-petits : troubles du sommeil, troubles des apprentissages, retrait, tristesse, trouble de l'alimentation, colères, pleurs. Et aussi des somatisations : « J'ai mal au ventre », « J'ai mal à la tête. » Pour éviter qu'il ne culpabilise, il faut dire et même répéter à l'enfant que ce n'est pas à cause de lui qu'on s'est séparé, mais qu'il s'agit d'une histoire entre papa et maman.

Ici encore, il est important de maintenir le maximum d'organisation, de rassurer les enfants afin de leur permettre de garder leur rythme précis, leurs points de repère. De leur côté, ils vont commencer aussi à observer le comportement de leurs parents, leur tristesse, et vouloir les consoler et se rapprocher d'eux. Ils auront des comportements différents avec leur père et leur mère. Il convient de prendre le temps d'expliquer à nouveau ce qui se passe et d'être sûr qu'ils ont compris l'organisation dans les deux maisons et à quel moment ils voient papa et maman.

Entre 6 et 10 ans

> *Génial, mes parents divorcent !* est un film français réalisé par Patrick Braoudé, sorti en 1991. Julien, dont les parents viennent de se séparer, vit très mal cette situation et préfère raconter que son père est parti à l'étranger pour une association humanitaire. Son copain Thomas, lui-même enfant de divorcés, essaie de lui remonter le moral. Dans la classe de CM2 des deux garçons, deux clans naissent : celui des enfants de divorcés et les autres…

Les enfants commencent de plus en plus à investir l'école et leurs amis. C'est important qu'ils investissent leur vie « à eux ».

Ils sont aussi davantage capables de se repérer dans le temps et dans l'espace, et par conséquent, d'anticiper un peu le futur et de mieux comprendre ce qui va changer pour eux. Ils vont exprimer un certain nombre d'émotions : soit par des somatisations, soit par des pleurs, soit par des difficultés scolaires. Ils se sentent souvent tourmentés et peuvent craindre de moins voir leur père ou leur mère, etc. Ils pourront, parfois, on l'a vu, se sentir coupables de la séparation des parents, d'où la nécessité de leur répéter qu'ils n'y sont pour rien et que les parents feront de leur mieux pour organiser leur nouvelle vie.

Les enseignants sont en général de très bon conseil car ils observent les enfants ; il est évidemment important de les prévenir des changements de vie intervenant dans la vie de vos enfants. En prenant bien garde, cependant, d'éviter de les stigmatiser par avance comme potentiellement « à problèmes ».

À la préadolescence

Entre 9 et 12 ans, les enfants commencent à ressentir des changements dans leur propre corps et leur propre vie personnelle. Ils ont envie d'avoir une plus grande autonomie, ils ont envie de comprendre ce qui se passe. Ils peuvent commencer à se révolter vis-à-vis des parents, de l'un ou de l'autre ; ils peuvent aussi manifester beaucoup plus bruyamment leurs difficultés. Il convient de les rassurer et de leur expliquer qu'on répondra à leurs questions s'il y a quelque chose qu'ils n'ont pas compris. Ils auront parfois besoin de discussions complémentaires.

C'est également la période où ils peuvent prendre parti pour l'un ou pour l'autre parce qu'ils ont perçu quelque chose ; il sera alors nécessaire de reprendre les discussions pour essayer de leur ménager une certaine neutralité dans la séparation qu'ils viennent de vivre.

Ils vont aussi commencer à s'exprimer sur le mode de garde, à faire des commentaires. Là aussi, il faut prendre du temps pour discuter avec eux, pour modifier les détails de l'organisation. En fait, il faut commencer à les considérer comme des partenaires de dialogue.

À l'adolescence

L'adolescence est une partie de vie complexe : se poursuivent les modifications corporelles – on sait que la puberté commence très vite chez les filles, plus tard chez les garçons. Il va falloir les accompagner dans cette phase de changement qui les concerne eux et qui n'est pas uniquement liée à la séparation.

« C'est parce qu'on s'est séparé que tu ne vas pas bien ? » Attention à ce que la culpabilité éventuelle du parent ne vienne pas tout recouvrir. La séparation n'est pas forcément la cause de leurs changements, de leurs difficultés. L'important est de maintenir le contact, le dialogue et de prendre du temps pour les écouter. Attention aux adolescents qui prennent prétexte de la séparation, qui l'utilisent même pour justifier d'éventuelles dérives. Un parent séparé peut se sentir fragilisé, voire déconsidéré ; il n'en doit pas moins assumer son rôle d'autorité quand il le faut.

La séparation des parents qui survient au moment d'une première phase amoureuse chez l'adolescent peut engendrer une révolte. Il peut alors dire : « J'ai besoin de vivre ma propre expérience » ou : « Vous vous comportez comme des adolescents. » Cette phase d'adolescence peut raisonner dans les recompositions familiales où les adolescents ne supportent pas de voir leurs propres parents à nouveau amoureux, avoir des sentiments qu'ils considèrent comme propres à leur âge et décalés pour leurs parents.

Une séparation avec des enfants qui ont plus de 12 ans implique de discuter avec eux afin d'améliorer l'organisation des emplois du temps. Dans ces discussions, il est important de veiller à ne pas être

QUEL RETENTISSEMENT SUR LES ENFANTS ?

démagogique ou dans des rapports de séduction. Ce qui doit primer, c'est l'intérêt de votre enfant. Ne cherchez pas à faire mieux et plus que votre ex pour vous faire bien voir, tentation fort répandue et à laquelle on peut aisément céder.

C'est à cet âge aussi que les enfants peuvent demander à être entendus par les juges et à avoir eux-mêmes un avocat. Ils deviennent en somme beaucoup plus acteurs de la séparation. En particulier, ils peuvent souhaiter modifier le mode de garde. Très souvent, on observe chez des adolescents ayant été dans un mode de garde classique (c'est-à-dire un week-end sur deux chez le père) une demande de garde chez le père. Celui qui n'a pu vivre long-temps chez l'un des parents demande souvent une modification du choix établi auparavant.

Dans *Se séparer sans se déchirer*[1], Jocelyne Dahan et Évangeline de Shonen-Desarnauts proposent un tableau éclairant des réactions des enfants suivant leur âge au moment de la séparation des parents. Cette grille permet de voir quelles sont les réactions les plus fré-quentes, de mieux réagir, mais aussi de dédramatiser.

Les enfants face à la séparation de leurs parents

Tableau des réactions des enfants		
Âge	**Réactions**	**Suggestions**
0-3 ans	• Troubles du sommeil. • Possibilité de régression des acquisitions. • Agressivité qui se développe. • Sentiment de responsabi-lité dans la séparation des parents.	• Le rassurer, lui expliquer qu'il n'est pour rien dans la séparation, lui dire que ses deux parents continueront à s'occuper de lui, qu'il ne sera pas abandonné. • Lui indiquer comment ses parents vont habiter, lui pré-senter la maison de chacun.

Tableau des réactions des enfants		
Âge	**Réactions**	**Suggestions**
3-6 ans	• Il peut pleurer souvent, paraître triste, fuir dans ses rêves. • L'école va moins l'intéresser, il est souvent en conflit avec ses parents. • Son agressivité peut s'accroître.	• Lui permettre d'exprimer ses peurs, ses inquiétudes. • Le rassurer, lui affirmer que ses deux parents continueront à prendre soin de lui. • Prendre autant de temps que nécessaire pour répondre à toutes ses questions.
6-9 ans	• Il tente de cacher ses émotions, sa tristesse. • Il va mettre en œuvre mille et une stratégies pour réconcilier ses parents. • Il manifeste de la colère à l'égard de celui de ses parents qu'il considère comme « responsable » de la séparation.	• Il faut lui expliquer que ses parents habitent/vont habiter chacun dans leur maison et qu'ils vont continuer à s'occuper de lui. • L'enfant doit pouvoir maintenir des contacts fréquents avec chacun de ses deux parents. • Maintenir son rythme, ses rites.
9-12 ans	• Le groupe de copains constitue pour lui un lieu de soutien. • Il va utiliser le changement familial pour accéder plus vite à son autonomie. • Il peut être dépressif, se dévaloriser.	• Tenir compte de son opinion, de ses activités. • Discuter avec lui de la séparation de manière franche. • Prendre du temps pour l'inviter à parler de ses préoccupations. • Favoriser l'expression de ses besoins.
Plus de 12 ans	• Il recherche les limites et paradoxalement les réfute. • Son comportement peut être provocateur. • Il traduit ses difficultés par des troubles du comportement : – alimentaire ; – toxicomanie ; – délinquance...	• Poser les limites, le rassurer... • Maintenir la communication. • L'écouter, prendre le temps de pratiquer des activités avec lui. • Lui permettre d'exprimer ses besoins. • Éviter de l'affronter inutilement.

Droit de visite et d'hébergement : existe-t-il un mode de garde idéal ?

Quand il y a divorce, la première question qui se pose concerne l'organisation de vie pour les enfants et de nombreuses alternatives sont proposées. Depuis 1995, il faut savoir qu'on ne sépare pas la fratrie.

À l'origine, le mode de garde dit « classique » concernait la résidence chez la mère, avec autorité parentale conjointe et possibilité pour le père de prendre les enfants un week-end sur deux (droit de visite et non obligation). Puis, on s'est aperçu que les pères ne voyaient leurs enfants qu'entre 3 et 5 jours par mois et ce mode de garde classique a été élargi à un week-end sur deux et un mercredi (jour qui était sans école) sur deux.

Cet « équilibre » a été très largement proposé au cours de ces dernières années. Beaucoup de pères se sont révoltés, ayant le sentiment de ne pas du tout voir grandir leurs enfants et ont progressivement demandé des gardes élargies et des résidences alternées ou complètes.

Le mode de garde élargie consiste en général à un week-end sur deux et tous les mardis soirs jusqu'au jeudi matin. La résidence alternée consiste classiquement à une semaine sur deux et parfois, il existe des variantes avec une rupture le jeudi (lundi au jeudi puis permutation du jeudi au lundi, continuum). La garde alternée un week-end sur deux est devenue de plus en plus fréquente, les juges ayant le sentiment d'être plus équitables et de répondre aux demandes des parents de façon plus correcte.

Dans les faits, les modalités de garde doivent être évaluées avec beaucoup de précaution, en fonction de plusieurs éléments concernant la vie quotidienne des enfants et surtout la façon dont les parents communiquent entre eux. Vivre dans deux maisons est compliqué : les adultes qui divorcent, ayant eux-mêmes vécu cette expérience, en conservent un souvenir douloureux avec des

allers-retours, des affaires oubliées, des erreurs, etc., qui contribuent à l'augmentation des tensions entre les parents. Les points importants pour organiser une résidence alternée portent avant tout sur :
- la capacité à communiquer des parents ;
- leur souplesse par rapport à des aménagements, aux calendriers parentaux, aux anniversaires, aux fêtes ;
- la proximité des domiciles et de l'école ;
- l'organisation des autres modes de garde : crèche, nounou ou aide des grands-parents.

La situation ci-dessous pourrait être décrite comme l'une des situations optimales.

> Jeanne et Franck se sont séparés d'un commun accord quand leur fils, Gaëtan, avait 4 ans. Franck était toujours très amoureux de sa femme, mais Jeanne avait le sentiment d'évoluer différemment. Au fond, elle avait choisi un partenaire parce qu'elle voulait un enfant, étant parvenue dans la dernière ligne droite de la fécondité. Gaëtan est né pour ses 40 ans.
>
> Les deux parents sont restés très amis et se soutiennent beaucoup. Dès que l'un ou l'autre rencontre un problème professionnel, le père ou la mère s'accorde pour prendre le relais et Gaëtan passe d'un appartement à l'autre assez facilement. La garde instaurée est une alternance une semaine sur deux, mais si l'un des parents a un déplacement en province, ils s'organisent différemment. Ils vont à chaque fois ensemble voir la maîtresse. Les vacances se décident de manière très souple.
>
> Les familles d'origine sont restées correctes et ont maintenu des liens positifs avec leur belle-fille et leur gendre. Elles se relaient dans la prise en charge des activités extrascolaires (piscine, etc.) et prennent régulièrement Gaëtan. Les grands-parents se téléphonent régulièrement pour organiser les vacances avec l'accord des parents de Gaëtan.

Cette situation apparaît comme idéale parce qu'il est assez rare que les parents habitent juste à côté et surtout communiquent aussi bien. Le plus souvent, de nombreux enfants se retrouvent avec leur valise dans le hall de l'immeuble, le parent n'ayant pas le droit de monter dans l'appartement de « l'autre ». La coparentalité a ainsi bien souvent du mal à se mettre en place.

Bien sûr, le fait d'avoir une seule résidence et des week-ends chez l'autre parent permet le maintien des affaires ainsi qu'une organisation plus facile des activités extrascolaires, mais, même avec ce type d'organisation, il n'est pas rare que des différends éclatent et que l'un des parents impose une activité le samedi et le dimanche, alors que l'autre refuse d'avoir des contraintes le week-end...

Il arrive aussi que les enfants partent le week-end en train ou en avion voir l'autre parent, ce qui laisse peu de temps, compte tenu des transports, pour profiter pleinement les uns des autres. Dans d'autres cas, les retrouvailles ont lieu une fois par mois, conduisant à des relations très distantes avec le parent qui n'a pas la garde. La situation est, bien sûr, encore plus délicate quand l'un des parents, le plus souvent le père, part travailler à l'autre bout du monde et ne voit plus ses enfants que pendant les vacances scolaires.

Toutefois, même quand elle est matériellement possible, la garde alternée, qui permet aux deux parents de voir leur enfant à égalité et de construire une vraie relation dans le temps, n'est pas facile ni souhaitable à organiser avec des petits.

La pire des décisions à laquelle j'ai assisté est la suivante. Lara et Timothée ont vécu le grand amour pendant deux ans ; ils se sont mariés et Anna est née quelques mois plus tard. Timothée a eu l'opportunité de trouver un poste au Maroc et, avec l'accord de Lara, ils sont partis tous les trois à Casablanca. Anna avait tout juste 4 mois. Lara a ainsi renoncé à son travail mais très vite elle a commencé à déprimer. Sa famille lui manquait, elle passait ses journées à la maison avec sa fille en attendant le retour de son mari. Ses séjours en France avec sa petite fille ont commencé à se prolonger... Timothée avait un travail passionnant et ne voyait pas la détresse de sa femme. Les tensions et les reproches se multiplièrent. Lara demanda le divorce. Le juge trancha pour la garde : Lara aurait à Bordeaux sa fille trois semaines et elle rejoindrait son père une semaine par mois où elle intégrerait une crèche marocaine car Timothée ne pouvait pas s'en occuper… Cette décision fut prise alors que Lara venait de fêter ses 2 ans.

Avant l'âge de 6 ans, les enfants se repèrent mal dans l'espace et dans le temps ; ils se retrouvent perdus, à se demander quel jour ils doivent aller chez l'un ou chez l'autre parent, n'ayant pas conscience des différents jours de la semaine. Pour cette raison, on considère que, pendant les premières années, il est plus simple et plus utile pour les enfants de rester près de leur mère et on propose, si les deux parents sont d'accord, la résidence alternée, lorsque les enfants sont plus grands. Parfois, ce choix est en relation avec la pension alimentaire.

Il arrive que la garde alternée soit demandée pour éviter de verser à l'autre une pension alimentaire. Il faut savoir que cet échange temps-argent est préjudiciable pour les enfants.

Il est important de préciser ici qu'une décision du juge peut être révisée, même à plusieurs reprises, suivant les aléas personnels ou professionnels des ex-conjoints. L'important est de réfléchir à la stabilité de l'enfant, à son accueil et ne pas changer chaque année. En plus de ses relations avec ses parents, un enfant s'inscrit dans un contexte amical et social, et le faire changer d'établissement chaque année n'est pas souhaitable.

Bien souvent, la mobilité professionnelle interférant, les parents vont « recomposer » leur vie et modifier leur habitation selon leurs nouveaux engagements.

Les parents de Kevin se sont séparés quand il avait 3 ans. Son père, Daniel, avait déjà une fille de 8 ans d'une autre liaison. Daniel qui vivait dans la région parisienne s'est depuis installé à Bordeaux. Un week-end par mois, il monte voir son fils et sa fille à Paris, qu'il reçoit chez des amis, car il n'a pas d'appartement dans la capitale. Un autre week-end par mois, les deux enfants doivent descendre à Bordeaux. Comme ils sont trop jeunes pour voyager seuls, Daniel vient les chercher pour les ramener chez lui. Ils partent le samedi matin et reviennent le dimanche soir. Les appartements ne sont pas près des gares, et ils ont près de dix heures de voyage pendant ces week-ends…

Des résidences alternées, mises en place avec des appartements éloignés, deviennent alors des contraintes compliquées, lorsque l'un habite en banlieue et l'autre en centre-ville ou lorsque la scolarité des enfants les contraint à démarrer très tôt le matin. Combien de fois avons-nous entendu un père raconter qu'il partait à 6 heures du matin pour arriver à l'heure à l'école de son enfant ou une mère dire qu'elle avait dû renoncer à sa soirée du dimanche soir avec les enfants parce qu'ils avaient en effet une heure et demie de transport et accepter que le père dépose les enfants le lundi matin à l'école ? Ces situations sont délicates et parfois un médiateur peut aider à les résoudre.

Évidemment, les enfants sont capables de supporter beaucoup de choses, mais c'est aux adultes de réfléchir avant de déménager, car, parfois, il faut accompagner deux ou trois enfants dans deux ou trois écoles différentes… La proximité des écoles doit être prise en compte dans un déménagement. Ces trajets sont fatigants pour les enfants et contribuent aux mauvaises relations des parents lorsque celui qui s'en occupe arrive en retard, « en raison des embouteillages », le dimanche soir ou, pire encore, les dépose en retard le matin à l'école.

Pour éviter ces désagréments, l'une des solutions (qui n'est pas la plus économique) est de garder l'appartement familial pour les enfants et que les parents s'y relaient, tout en ayant chacun un appartement à l'extérieur. Ce mode de garde, parfois mis en place par des couples soucieux de maintenir l'équilibre, ne fonctionne généralement que pendant les premières années de séparation. En effet, si on veut habiter dans un appartement familial correct, mais aussi créer une union à l'extérieur, il est souvent difficile, financièrement parlant, de payer deux loyers. Du moins est-ce un bon exercice pour les adultes qui comprennent ainsi ce que représente le fait de déménager toutes les semaines dans un autre appartement.

> « *Mrs Doubtfire* est un film réalisé en 1994 par Chris Columbus avec Robin Williams. Privé, à la suite de son divorce, de ses trois enfants qu'il adore, Daniel Hillard, doubleur de dessins animés, met en œuvre tous ses talents d'acteur et d'imitateur et se transforme en respectable gouvernante irlandaise. Lorsque Mme Doubtfire se présente dans la famille Hillard, elle est acceptée à l'unanimité. »

Parents séparés, enfants à problèmes ?

De nombreuses études ont été réalisées concernant le bien-être, les difficultés psychologiques et le devenir des enfants après la séparation des parents. Il convient d'être prudent et de tenir compte du maximum d'éléments : âge au moment de la séparation, nombre d'enfants, modalités de la séparation, capacité des parents à instaurer une coparentalité, etc. Encore faut-il que les échantillons étudiés soient représentatifs.

Certaines recherches tendent à montrer que les enfants de parents divorcés présentent plus de difficultés que ceux qui appartiennent à une famille unie : 23 % contre 12 %[2]. D'autres, au contraire, font apparaître que dans près de 75 % des cas, les enfants vont raisonnablement mieux après un divorce[3]. Lorsque les conflits familiaux sont particulièrement graves et insolubles, c'est généralement bénéfique aux enfants comme aux parents[4]. Et puis ne sous-estimons pas les capacités de résilience de bien des enfants. Beaucoup de familles unies sont dysfonctionnelles. Et le divorce peut libérer des enfants, lorsqu'ils sont pris entre deux feux de violences conjugales.

CHAPITRE 6

Quand on rejoue la même histoire
Les ruptures des couples recomposés

Avec enfants

La recomposition familiale est fondée sur la rencontre de deux adultes, mais sa réussite dépend pour une grande partie de l'intégration des enfants. Ce n'est pas parce que nous avons rencontré quelqu'un de formidable que nos enfants vont bien s'entendre avec elle ou lui et aussi avec ses enfants.

Lorsqu'on recompose une famille, on est à la fois plus consensuel, plus prêt à faire des compromis, mais aussi moins disposé à tout accepter. Paradoxe des couples ! Les personnes qui se sont séparées ont eu le sentiment d'avoir échoué dans leur vie personnelle. Elles ont vécu les affres d'une rupture et répugnent à revivre un autre échec. Elles ont vécu des situations stressantes, douloureuses et aspirent donc à l'harmonie, à la paix. D'où un désir de compromission, mais aussi une certaine intolérance aux conflits. « J'ai quitté une hystérique, dit Éric, ce n'est pas pour revivre la même chose. » Et pourtant, il a choisi la réplique de sa première épouse… et rejoue la même partition.

Les recompositions familiales sont une histoire ancienne. En effet, auparavant les couples vivaient en moyenne une quinzaine d'années ensemble. L'espérance de vie était moitié plus courte aux XVIIᵉ et XVIIIᵉ siècles. Les veuvages étaient fréquents et les remariages avaient lieu très vite. Un veuf ne restait pas longtemps seul : il lui fallait trouver une nouvelle femme pour s'occuper de ses enfants. Les recompositions se constituaient après des deuils. Il n'y avait pas à gérer les ex !

Les recompositions aujourd'hui sont, elles, le fruit d'un choix, celui de se séparer et de recommencer une union. Or, cette fois, il ne s'agit plus de trouver des compromis entre les deux familles d'origine (ou les quatre si les parents étaient déjà eux-mêmes divorcés). Une recomposition comporte au minimum quatre systèmes familiaux (voire beaucoup plus, puisqu'elle peut concerner des couples qui se sont séparés plusieurs fois). Ainsi, Jules est enfant unique : « Même père, même mère », dit-il. En réalité, il a cinq demi-frères et demi-sœurs, ainsi que quatre quasi-frères, c'est-à-dire sans aucun lien sanguin de la part d'un parent, mais avec des liens affectifs.

Contrairement aux familles qui se constituent, les recompositions n'ont pas à passer par les étapes successives « classiques » : rencontre, fiançailles, mariage, arrivée du premier enfant, etc. Qui dit recomposition, dit que l'un des deux adultes, voire les deux ont déjà des enfants. Ils se sont choisis, et le reste suit ! Or il faut créer des liens avec les enfants de l'autre. Les enfants eux-mêmes doivent trouver leur place dans cette nouvelle fratrie (à temps partiel, de plus) et trouver leur mode de communication avec beau-père et belle-mère.

Il faut donc comprendre les interactions multiples des différents systèmes familiaux et des différents enfants.

Autre paramètre important : le genre et la place dans la fratrie recomposée : on peut, comme Lucie, être la seule fille et petite dernière de la fratrie, et perdre une partie de ses attributs dans une recomposition si on devient l'aînée des enfants à la maison dans une fratrie de filles. L'âge des enfants est important : on ne s'adapte pas de la même façon à 3 ans qu'à 15. La rivalité peut être douloureuse dans une recomposition si deux enfants du même âge et du même sexe sont amenés à vivre ensemble sans atomes crochus.

> Kevin en a fait l'expérience quand sa mère a emménagé avec Gabriel et son fils Thomas. Kevin et Thomas, 15 ans, avaient « tout pour s'entendre », mais ils se sont détestés dès le premier jour. Kevin avait sauté une classe et était en seconde ; Thomas avait redoublé une classe et était en quatrième. Thomas adorait le sport et excellait au rugby. Kevin était pataud et passait son temps à lire. Kevin était petit et timide, Thomas costaud, intrépide et bavard. Chaque parent protégeant son enfant, le couple explosa très vite.

Les difficultés peuvent aussi venir de la façon dont on s'est séparé (dans le conflit ou pas), du temps vécu en famille monoparentale, du projet ou non d'avoir d'autres enfants, de l'arrivée des nouveaux enfants.

Le temps va jouer pour beaucoup dans la réussite ou non de cette recomposition. Ces nouveaux couples sont souvent pressés, parce qu'ils souhaitent vivre dans une nouvelle maison investie ou faire de nouveaux enfants. J'ai parfois rencontré des couples qui consultaient désemparés : ils avaient le sentiment d'avoir « tout bien fait » et pourtant ils frôlaient la rupture. Ces couples avaient accéléré le temps, comme pour effacer les anciennes blessures.

> Damien et Alice se sont rencontrés alors que chacun avait deux enfants d'un premier lit et que tous deux étaient séparés depuis moins de deux ans. Ils s'étaient installés et avaient eu coup sur coup deux enfants. Quatre enfants vivaient ainsi à la maison à temps plein et les deux aînés de Damien en garde partagée venaient une semaine sur deux. Ce couple était devenu famille avant même d'avoir assuré ses propres fondations. Évidemment, avec deux tout-petits à la maison et entre deux et quatre autres pas très grands, le temps du couple s'était évaporé et ils se retrouvaient comme deux copains partageant la maison. Pas facile aussi pour les enfants de passer de deux à six frères et sœurs, d'intégrer une belle-mère

et un beau-père et de ne plus avoir de temps privilégié avec son parent biologique.

Où est la différence avec un premier divorce ? Peut-être dans la complexité des interactions et des acteurs en présence. Il faudrait ajouter aussi la gamme de sentiments en jeu : toute séparation, tout divorce représente un échec dans une relation ; une nouvelle séparation réactive ces sentiments. Bien sûr, on rationalise aujourd'hui en disant que les couples vivent des CDD (contrat à durée déterminée) et non plus des CDI (contrat à durée indéterminée). Cependant, les ruptures font toujours mal et les « dommages collatéraux » sont plus importants. Les enfants se sont attachés à de nouvelles personnes et doivent à nouveau s'en séparer. Si les nouveaux enfants sont nés des nouvelles recompositions, comment va-t-on s'organiser ?

Il arrive ainsi que des enfants très attachés à un beau-père ou à une belle-mère demandent à vivre avec eux plutôt qu'avec ses parents géniteurs. Souvent aussi, les enfants culpabilisent de ces séparations. Leurs mauvaises relations avec la belle-mère ou le beau-père ont joué un rôle dans la rupture : le « tu n'y es pour rien » prononcé lors de la première séparation ne peut plus s'énoncer.

Georges a mis à la porte son beau-fils Grégoire. Depuis le début, il ne supporte pas cet adolescent révolté qui n'arrête pas de le provoquer. Georges a eu un fils d'un premier mariage, puis une fille d'une liaison. Avec Laura, la mère de Grégoire, il a eu deux filles. Il voit rarement ses deux premiers enfants, leurs mères vivant en province. Georges est « monté » à Paris pour des raisons professionnelles et a rencontré Laura qui vivait avec son fils Grégoire, âgé de 11 ans. Aujourd'hui, Grégoire a 17 ans. Il représente tout ce dont Georges a horreur : il est habillé en punk, fume du hasch, redouble sa seconde, sort le soir, répond, ne s'occupe pas de ses petites sœurs. Laura a toujours fait tampon entre les deux et de nombreuses disputes ont eu lieu à son sujet. « Tu n'es pas mon père », répond souvent Grégoire. Le ton est monté un soir où Grégoire a demandé de l'argent à sa mère. Son beau-père s'en est mêlé, ils en sont venus aux mains. Georges lui a demandé de partir. Pendant deux jours, on est resté sans nouvelles de lui. Grégoire est revenu le surlendemain sans dire un mot.

Devant l'ampleur de la crise, sa mère a décidé de lui louer une chambre en urgence, non loin de leur appartement. La tension entre Georges et Laura est au maximum. Georges lui a dit qu'elle pouvait rejoindre Grégoire et qu'il demanderait la garde exclusive de leurs deux filles. Finalement, le couple se sépare et Georges accepte la garde alternée des deux fillettes.

Dans cette histoire, dès le début, Georges n'a pas trouvé sa place de beau-père ou bien est-ce Laura qui ne lui a pas permis de la prendre. Le couple s'est concentré sur les deux petites filles et Grégoire a grandi seul, s'enfermant de plus en plus dans sa chambre. Il n'avait que peu de contacts avec son père, la séparation d'avec sa mère s'étant mal passée. Ce dernier avait aussi refait sa vie et ne s'intéressait pas beaucoup au garçon. Aucun adulte n'a suffisamment fait attention aux appels au secours que constituaient ses provocations, sa façon de s'habiller, son addiction au hasch, sa morosité ou encore ses difficultés scolaires.

Élever des enfants nécessite du temps, de l'attention. Et l'adolescence peut être bruyante. Beaucoup de couples recomposés se séparent, car ils n'ont pas su gérer leurs beaux-enfants principalement à l'adolescence.

La place au sens premier du terme qui leur est accordée rend souvent compte de la place affective qu'ils reçoivent. Les appartements n'étant pas extensibles et les finances pas toujours suffisantes, les aînés sont souvent laissés pour compte, dormant dans des lits d'appoint, sur des canapés de fortune. Les comparaisons entre l'éducation donnée aux enfants des lits antérieurs sont source aussi de conflits. Les enfants changent complètement d'atmosphère entre la semaine chez un parent et le week-end chez l'autre, surtout quand ceux-ci ont refait leur vie. Dans une famille, on est baba cool ; dans l'autre, plus rigide. Dans l'une, chacun prend ce qu'il veut dans le réfrigérateur ; dans l'autre, c'est repas à heures fixes non négociable.

Sylviane et Jean-Paul se sont rencontrés il y a cinq ans. Elle était venue le consulter, car il est kinésithérapeute et, très vite, une relation amicale s'était instaurée entre eux, chacun rencontrant des difficultés conjugales. Sylviane était mariée et avait deux filles, de 12 et 14 ans. Depuis plusieurs années, son mari et elle avaient emprunté des voies différentes. Elle aimait la campagne et lui la ville ; il ne supportait pas sa famille, elle avait beaucoup de mal avec ses amis.

Du côté de Jean-Paul, c'était un peu la même chose : il n'avait plus grand-chose en commun avec sa femme à part leurs trois garçons. Alors qu'elle ne travaillait pas, lui avait des journées extrêmement chargées : il partait à 8 heures le matin pour rentrer à 20 h 30 le soir et ne trouvait alors que reproches et agressivité : « Tu ne t'occupes pas assez des enfants », « Tu n'es jamais là », « Tu ne poses pas de question », « Tu ne racontes rien », etc.

Entre Jean-Paul et Sylviane, une relation s'est installée progressivement. Ils ont pris un café en dehors du cabinet, se sont téléphoné et, au bout de quelques mois, ont réalisé qu'ils étaient amoureux l'un de l'autre. Ils mettront néanmoins chacun plusieurs années avant de prendre la décision de quitter leur conjoint pour pouvoir préparer une nouvelle famille recomposée.

Au bout de cinq ans, ils décident de part et d'autre d'annoncer qu'ils veulent se séparer. Ils ont déjà trouvé une maison. La séparation devrait avoir lieu en juin et l'installation dans la nouvelle maison est prévue fin août de façon à ce que les enfants puissent commencer une scolarité en septembre sans trop de difficultés.

Quand je les rencontre, cela fait deux ans qu'ils vivent dans leur nouvelle demeure. Tout s'est passé comme ils l'avaient prévu : séparation douloureuse de part et d'autre mais néanmoins acceptée, installation de Sylviane avec ses deux filles et garde classique pour les pères, c'est-à-dire un week-end sur deux et un mardi-mercredi tous les quinze jours.

Pourtant, les tensions sont majeures : les enfants ne s'entendent pas du tout entre eux et reprochent aux parents la séparation. Tous des adolescents, ils n'ont aucun point commun. La fille aînée de Sylviane a à peu près le même âge que le fils de Jean-Paul tout en ayant, sur le plan scolaire, une année d'avance sur lui qui a redoublé : deux années scolaires les séparent et une rivalité compliquée se met en place. Les différences éducatives sont là. Sylviane est très proche des filles, soutient leur scolarité, rencontre les enseignants, s'intéresse aux matières et aux devoirs, alors que Jean-Paul, qui s'était reposé sur son ex-femme, préfère jouer le père copain le week-end plutôt que de surveiller les devoirs de ses trois garçons.

Ils ont les enfants le même week-end et se reposent l'autre week-end. Cependant, très vite, les tensions avec les enfants deviennent telles qu'ils décident d'alterner. Ils se retrouvent donc un week-end avec les enfants de Jean-Paul et un autre avec ceux de Sylviane.

Leur maison est certes confortable et spacieuse ; cependant, du côté des filles, c'est le désordre absolu, alors que, du côté des garçons, leur père leur fait la guerre de manière à ce que leurs chambres soient rangées au carré.

Quand ils viennent consulter, ils sont usés, persuadés que leur amour s'est éteint à force de problèmes d'organisation qui les débordent avec les cinq enfants. Il faudra quelques mois pour réussir à clarifier la complexité des familles d'origine et les relations entre fratries recomposées qu'ils n'avaient pas du tout anticipées. Toutefois, après quelques entretiens, les différends sont clarifiés et Jean-Paul et Sylviane repartent confortés dans l'idée que leur choix d'une vie commune est le bon.

Dans les familles recomposées, les discussions tournent beaucoup autour de la façon dont on gère les ex, sans parler des histoires financières : « Je ne comprends pas que ton ex ait pu avoir une pension aussi importante » ; « Si ton ex déménageait, tu pourrais vendre l'appartement, et du coup, on aurait la possibilité de déménager pour plus grand », etc. Rivalités conscientes ou inconscientes, intrusion dans les histoires antérieures, manque de confiance, interactions qui se répètent : tout cela fragilise ces couples, risquant de les faire exploser.

Pierre et Carole consultent pour des difficultés de couple apparues à la naissance de leur enfant, Thomas. Leur histoire est à la fois classique et très compliquée.

Pierre a vécu avec Corinne pendant une vingtaine d'années et ils ont eu ensemble deux enfants. La santé du cadet a bouleversé l'équilibre du couple. On a découvert une maladie génétique chez cet enfant à l'âge de 1 an et le couple a passé beaucoup de temps en consultations médicales, en bilans, etc. Ils ont été à la fois très solidaires vis-à-vis de la maladie et très anxieux, très bouleversés par cette situation. Corinne a donc décidé d'arrêter de travailler pour se consacrer aux enfants et Pierre a, au contraire, surinvesti son travail professionnel. C'est dans ce contexte et ce cadre professionnel qu'il a rencontré Carole, avec qui il a noué une relation. Carole n'avait pas d'enfant ; elle était plus jeune, plus disponible, sympathique, toujours prête à travailler avec lui. Pierre a trouvé en elle tout ce qu'il avait perdu avec sa femme, notamment la légèreté et la gaieté.

Il a donc décidé de se séparer, non sans hésitation et sans culpabilité parce que la séparation le privait de cette vie familiale qu'il aimait tant. Carole lui a très vite parlé de son désir d'enfant, mais il ne supportait pas l'idée d'avoir un autre enfant, d'autant que les problèmes médicaux avaient été et sont encore très lourds du côté de sa fille. Après quelques mois de vie commune, il a quitté Carole et est reparti vivre avec sa famille. Néanmoins, Carole lui manquait trop. Il a donc de nouveau quitté sa femme et a dit à Carole qu'il était d'accord pour faire un enfant, mais pas tout de suite, il fallait encore attendre un peu. Malgré tout, Carole a été rapidement enceinte et une petite fille est née.

Toutefois, les allers-retours de Pierre et son refus temporaire de l'enfant ont profondément blessé Carole, qui ne retrouve plus auprès de lui l'élan qu'elle ressentait au début. Ils n'ont plus de relations sexuelles depuis l'accouchement, alors que leur relation était « torride » précédemment. Comme beaucoup de mères, Carole est très centrée sur son bébé et peu disponible pour Pierre, qui jongle entre ses enfants et son travail. Les reproches fusent, la séparation n'est pas loin.

Sans enfants

Cette fois, il s'agit de couples ayant eu auparavant de nombreux enfants et ne désirant pas en avoir de nouveau ou bien s'étant rencontrés trop tard et ne pouvant plus en avoir ou encore dont les enfants sont grands et qui n'ont pas envie de « recommencer avec les biberons et les couches ». Attention toutefois : encore faut-il que la décision ait été bilatérale. Par exemple, le renoncement à un enfant peut être le fait de l'un, l'autre n'ayant même pas pensé que ce serait mis dans la balance. On rencontre de nombreux couples où, en général, l'homme, plus âgé que la femme, a inscrit dans le contrat de base qu'il ne voulait pas d'un autre enfant, demandant ainsi à sa compagne de renoncer à tout projet de maternité.

> Paul avait trois grands enfants lorsqu'il a rencontré Jenny, de vingt-cinq ans sa cadette. Le contrat a été clair : « Pas d'autre enfant. » Jenny ne souhaitait pas spécialement un enfant et obtempéra. Les années passèrent et Paul commença à se dire qu'il avait eu tort d'exiger cela de sa compagne. Jenny, qui avait alors 43 ans, lui expliqua qu'elle aurait voulu un enfant, mais qu'elle s'était interdit d'y penser car le contrat était clair. Elle regrettait maintenant. « Tu aurais dû me le dire », répliqua Paul et ils se rejetèrent la faute tout en consultant un gynécologue. Ils commencèrent des démarches de fécondation *in vitro*. Après quatre tentatives infructueuses, le constat d'échec fut sans appel, mais les protocoles avaient été très difficiles, Jenny ne s'était pas sentie accompagnée, elle avait mal supporté les traitements, elle avait pris du poids… Et leur sexualité avait été bouleversée entre les jours où ils devaient faire l'amour et ceux où ils ne devaient pas. C'est dans ce contexte qu'ils commencèrent une thérapie de couple.

Les couples recomposés sans enfants évoquent la possibilité d'une séparation à chaque dispute. Leur engagement est fondé sur la réciprocité de leurs sentiments. Ils ne partagent pas de biens matériels, n'ont pas d'enfant, donc sont « totalement libres ». Cette liberté renforce aussi l'insécurité de la relation. Le couple se nourrit de projets communs : travailler ensemble, acheter une maison, se marier, effectuer un grand voyage. Pour évoquer le futur, il faut un peu de rêves. Sans rêve, sans projet, le couple vit sur une réversibilité constante : l'amour ne suffit pas comme engagement.

Les motifs de rupture

Avec les couples recomposés, on retrouve bien entendu les mêmes motifs que ceux énoncés au chapitre 3. Deux points semblent différents, toutefois : l'argent et l'éducation des enfants des premiers lits par rapport à celle des autres enfants du couple. Les comparaisons avec les enfants du premier lit et les enfants du second lit sont en effet fréquentes. Être belle-mère ou être beau-père avant d'être parent est souvent vécu comme un test à réussir avant de franchir l'étape suivante. Et puis les enfants faits maison arrivent, et les différences se profilent, créant des tensions au sein du couple…

L'argent

Margareth et Elias consultent après dix ans de vie commune. Divorcés chacun de son côté, élevant leurs enfants de précédentes unions, ils n'avaient guère envie de se remarier car leurs divorces avaient été doulou-reux de part et d'autre. Leur rencontre eut lieu grâce à leur travail. Elias était prestataire et rencontrait régulièrement Margareth dans des réunions professionnelles. Il avait plaisir à discuter avec elle. Après une année de rencontres professionnelles, il franchit le pas et l'invita au restaurant. Et très progressivement, ils se fréquentèrent.
Margareth vivait une semaine sur deux avec sa fille Jade, âgée de 6 ans, Elias faisait de même avec son fils Nathan, âgé de 10 ans. Les enfants s'entendirent très bien et, après deux ans de vie commune, Margareth et Elias décidèrent de se remarier. Ensemble, ils eurent Fabien.

Cependant, les disputes étaient fréquentes et toujours pour les mêmes raisons. Margareth était très angoissée par leurs problèmes d'argent. Elle se voyait comme une « fourmi » et Elias comme une « cigale ». Très extraverti, Elias avait toujours des idées pour monter des affaires en complément de son travail salarié. Margareth se décrivait comme sans grands besoins : une maison et des vacances, pas d'autres désirs… Elle en voulait à son nouveau mari de toujours vouloir plus, de s'investir avec des amis dans des projets multiples. Il aurait dû passer plus de temps avec Fabien. Les années passant, les querelles d'argent ont fini par envahir leur quotidien. Margareth s'est sentie trahie à de multiples reprises car Elias ne lui avait rien dit concernant certains achats conséquents. Le vase a débordé lorsqu'elle a appris par des amis qu'il avait acheté un studio pour le louer en meublé et ainsi le rentabiliser. Pour Margareth, la confiance était rompue : « Nous n'avons pas un sou pour partir en vacances et il investit sans rien me dire. » Elias réagit vivement : « Si je t'en avais parlé, tu t'y serais opposée et puis c'est mon argent, cela n'a rien à voir avec le compte commun. »

Si de nombreux couples optaient pour un compte joint lors d'une première union, la question de l'argent se pose différemment lors d'une deuxième union, car il faut tenir compte des pensions alimentaires. Or un compte joint pour l'appartement et les dépenses courantes est encore plus utile en cas de recomposition.

Préserver le sentiment d'une équité, d'une bonne comptabilité est fondamental pour l'équilibre du nouveau couple. Pour certains couples, il existe un contrat implicite : je ne m'occupe pas de ce qu'il fait avec ses enfants et il n'a pas à regarder mes dépenses vis-à-vis des miens. Dans les faits, aucune solution n'est meilleure qu'une autre : seules les décisions clairement établies et discutées sont bonnes !

De nombreux conflits éclatent car les conjoints n'ont pas envie de payer pour l'ex et ont toujours le sentiment que l'autre est favorisé malgré la séparation. Les rivalités sont fréquentes.

« Tu emmènes tes enfants aux sports d'hiver, dit Catherine à Franck, alors que nous n'aurons pas d'argent pour nos vacances. »

Et Franck de répondre : « Mes enfants ont le droit d'apprendre à skier. Quand les tiens étaient petits, tu passais bien des vacances avec eux à la montagne chaque hiver. »

Karine se plaint : « Je ne demande jamais d'argent à mon mari pour moi, mais quand je pense à tout ce qu'il a pu offrir à son ex et ce qu'il continue de lui verser tous les mois, ça m'écœure. »

L'éducation des enfants

De nombreux sociologues ont mis l'accent sur les différences entre les enfants « utérins » et les « consanguins ». L'argent et l'éducation sont en la matière les points les plus difficiles à gérer. On voit fréquemment des beaux-pères participer financièrement à l'éducation de leurs beaux-enfants pour pallier la défaillance de leur père, alors que les belles-mères s'investissent surtout dans l'éducation de leurs beaux-enfants, mais sont souvent réticentes vis-à-vis des aides matérielles procurées. On voit aussi de nombreux parents donner en cachette de l'autre de l'argent à ses enfants.

Les différences de points de vue, d'éducation s'accentuent avec les séparations. Chaque conjoint reprend son modèle ! On assiste à des oppositions éducatives importantes sans compter les problèmes culturels et religieux.

Nicole, de culture juive, a d'abord été mariée à Vincent, fils de deux catholiques pratiquants, mais lui-même laïque. Leurs deux enfants ont été circoncis et ont fait leur Bar Mitzvah. Vincent s'est ensuite remarié avec Leila, d'origine musulmane, et ils ont eu deux filles. Leila n'est pas religieuse, mais fête le ramadan. Nicole, elle, s'est remariée avec Jean-Baptiste et ils ont eu une petite fille. La complexité des liens culturels de tous ces enfants est difficile à gérer.

Les comparaisons entre les niveaux d'études et les formes de sociabilité concourent aux disputes et aux rivalités des couples.

Joël et Ingrid ont chacun deux garçons du même âge. Leur entente était bonne au tout début, mais les rivalités se sont manifestées dès qu'ils ont intégré le collège. Les fils d'Ingrid étaient d'excellents élèves, ayant tous deux une année d'avance. Joël, lui, voyait peu ses enfants, qui peinaient à l'école et étaient avant tout addicts aux jeux vidéo. Joël trouvait Ingrid trop sévère et Ingrid pensait que Joël ne s'occupait pas assez de la scolarité de ses fils...

Une nouvelle chance en amour

On retrouve souvent dans les séparations de couples recomposés les mêmes causes de rupture que celles qui ont présidé aux premiers mariages – le manque de disponibilité ou les problèmes d'argent. Cela ne veut pas dire qu'une recomposition est vouée à l'échec. Non, bien entendu. Toutefois, pour éviter de rejouer la même partition de musique avec les mêmes fausses notes, il peut être utile :

— de ne pas se précipiter dans une nouvelle union trop vite ;

— de réfléchir au retentissement sur les enfants, en se mettant à leur place et de comprendre notamment qu'ils ont besoin de temps pour accepter cette nouvelle vie, surtout si le nouveau partenaire a déjà lui-même des enfants ;

— de réfléchir à l'arrivée d'un nouvel enfant ;

— et, surtout, de clarifier les relations avec son ex qui ne verra jamais d'un bon œil la remise en ménage de celle ou celui qu'il (ou elle) a aimé(e).

CHAPITRE 7

Le temps du divorce

Une femme se réveille pendant la nuit et constate que son mari n'est pas au lit. Elle enfile son peignoir et descend voir où il se trouve. Elle le découvre finalement dans la cuisine, assis devant une tasse de café. Il paraît bouleversé et fixe le mur. Comme il avale une gorgée de café, elle le voit essuyer une larme. « Qu'est-ce qui ne va pas, chéri ? », demande-t-elle.

Le mari lève les yeux et la questionne solennellement : « Tu te souviens il y a vingt ans, quand on s'était donné rendez-vous ? Tu n'avais que 16 ans. »

« Oui je m'en souviens », répond-elle.

Le mari fait une pause, les mots lui viennent difficilement : « Tu te souviens que ton père nous a surpris en train de faire l'amour à l'arrière de la voiture ? », poursuit-il.

« Oui, je m'en souviens », dit-elle, en s'asseyant, émue, à ses côtés.

« Et tu te souviens quand il a pointé son flingue sur ma tempe et qu'il a lancé : "Ou tu épouses ma fille, ou je t'envoie en tôle pour vingt ans" ? »

« Oui, je m'en souviens aussi », répond-elle doucement.

Il essuie une autre larme et conclut : « Eh bien, j'aurais été libéré aujourd'hui ! »

La fin d'une relation amoureuse, la décision de se séparer appartient à la sphère de l'intime, du privé. Le divorce, lui, fait entrer dans le monde du droit, dans le domaine public. En théorie, la justice, en particulier en matière civile, est censée tenter de concilier au moins et, à défaut, résoudre les conflits. Or, paradoxalement, le temps de déconstruction du couple qu'ouvre le fait de passer devant elle peut devenir une étape de combat au lieu d'être de transition. C'est ce qui se produit fréquemment aujourd'hui, hélas. En matière conjugale, il n'est plus sûr que la justice apaise.

Pour la plupart de ceux qui divorcent, c'est le premier contact avec un juge. En entrant dans un palais de justice, on peut avoir alors l'impression de se sentir comme mis en examen, voire coupable. Soudain, il va falloir fournir des preuves de sa bonne foi, clamer son innocence. À l'inverse, on peut se laisser aller à adopter le rôle de la victime qui aurait subi les pires avanies et viendrait là pour revendiquer son « bon droit », obtenir à tout prix « gain de cause ». En théâtralisant la séparation, le passage devant la justice la dramatise. Et chacun peut, surtout si rien n'est réglé par ailleurs et auparavant, se laisser aller à adopter une posture caricaturale : je suis le gentil, tu es la méchante ; je suis l'abandonnée, tu es le traître.

Alors qu'il s'agit d'aller devant un juge civil pour entériner le règlement d'un litige entre deux personnes, c'est souvent vécu comme si on passait devant un tribunal pénal chargé de punir. On veut obtenir l'acquiescement du juge, on veut qu'il donne tort à l'autre, on veut qu'il reconnaisse qu'on détient « la » vérité, on veut que l'autre soit sanctionné.

Nombreux sont les couples qui racontent à quel point le fait de monter les marches du palais de justice au côté d'un avocat leur a rappelé les films, souvent américains, qu'ils avaient vus. Beaucoup s'attendent ainsi à vivre un cérémonial de cour d'assises, alors qu'ils se retrouvent dans un bureau (le cabinet du juge) avec des personnes qui ne se présentent pas et sont habillées en civil. On confond ainsi parfois juge et greffier – personnage tellement important dans ce type de procédure. Les avocats, les seuls à porter la robe, ont leurs repères, eux.

Tout se passe un peu comme dans le monde hospitalier : on ne sait pas à qui parler, comment s'exprimer, qui est la personne à qui on s'adresse et ce qu'elle est censée faire. Pour qui n'est pas médecin et ne connaît pas la hiérarchie et les codes sociaux en vigueur, on peut ainsi confondre le chef de service avec l'interne, l'infirmière avec l'aide-soignante. Blouses blanches ou blouses bleues : le patient en souffrance et l'entourage inquiet s'y perdent souvent. D'autant plus que le personnel ne se présente pas toujours. Il en va de même dans le monde judiciaire : l'usager est « censé savoir ». Et s'il ne sait pas, qu'il laisse faire les professionnels !

Les premiers contacts avec l'avocat

Le premier d'entre eux qu'on rencontre, c'est l'avocat, celui qui est censé « défendre » et « protéger » son client dans ses droits et ses intérêts.

Si, au tout début, les avocats plus ou moins spécialisés dans les affaires familiales – majoritairement des femmes, d'ailleurs – écoutent attentivement l'histoire d'une déception, d'une trahison, d'un désamour, ils se doivent surtout d'informer et de conseiller leurs clients sur leurs droits, de les orienter vers le type de résolution le plus adapté. À la souffrance, ils répondent législation, stratégie, gain quantifiable (souvent en argent). Les couples ont besoin d'être entendus, ils racontent avec passion leurs craintes, leur ressentiment à l'égard de l'autre, leur colère, leur inquiétude pour l'avenir de leurs enfants et le leur. L'avocat, lui, doit expliquer les différents modes de divorce et être force de proposition. N'entendant qu'une partie de l'histoire, il doit être en empathie avec son client ou futur client.

Dans la plupart des cas, comme dans la majorité des consultations de couple, on écoute une histoire qu'on a déjà entendue auparavant, même si c'en est une version différente. Lorsqu'un couple arrive dans mon bureau et m'explique tout ce qui ne va pas, je trouve les mêmes interactions, les mêmes douleurs. Cependant, je reçois toujours les deux personnes ensemble, ce qui me permet jour après jour de confirmer que les torts sont toujours plus ou moins partagés.

La rencontre avec l'avocat est totalement différente, elle. Le (la) client(e) raconte avec émotion l'histoire d'un échec où c'est le plus souvent l'autre qui a tort. D'où la tentation, quand l'occasion est ainsi donnée d'exprimer et d'expulser sa tristesse, son traumatisme, ses angoisses, d'en « rajouter », de « charger » l'autre. Là où une écoute bienveillante est demandée, une guerre se déclare déjà.

Pour le client, il s'agit aussi de savoir s'il a choisi le « bon » avocat, c'est-à-dire celui qui défendra son dossier envers et contre tout, qui se battra, qui se montrera le plus retors contre la « partie adverse ». Pour inspirer confiance, l'avocat, déjà, doit faire le fier-à-bras, montrer son efficacité, sa résolution. « Ne vous inquiétez pas, dit-il. Vous devez vous protéger avant tout... » Pour le client, c'est également le moment d'apprendre une nouvelle langue, de s'initier à un nouveau vocabulaire dont le caractère officiel ajoute à l'inquiétude : conciliation ou non-conciliation, référés, JAF (juge aux affaires familiales), main courante, ajournement, procédure, TGI (tribunal de grande instance), expertise, requête, etc.

Dans ce contexte, si l'avocat connaît bien les dérives des couples, il se doit aussi de gérer avec recul un contenu émotionnel parfois très fort. Est-il bien maître de ses réactions ? N'est-il pas influencé par sa propre histoire ? Une amie, avocate de la famille, vivait elle-même un divorce très douloureux et me disait, les larmes aux yeux, ses difficultés à travailler avec ses clients(es) : tout lui rappelait son histoire !

En combien de temps divorce-t-on ?

De nos jours, il est possible de divorcer en quelques mois dans le cas où les époux sont d'accord sur tous les points relatifs à leur séparation. Certains couples pour qui tout va bien sont parfois désappointés de voir le processus judiciaire se résumer, jusqu'à l'étape finale, à une procédure rapide, expéditive, à l'instar d'une procédure administrative comme on en connaît beaucoup par ailleurs. « Ce n'est que ça ? », s'étonnent-ils parfois, ce que ne manquent pas de dénoncer les détracteurs du divorce pour qui il serait « trop facile ». Oui, mais voilà, pour beaucoup, il est loin de l'être autant qu'on pourrait le penser à la lecture de la législation en vigueur.

La réalité, très fréquente lorsque les époux ne sont pas d'accord, c'est qu'un divorce, conflictuel, peut durer trois, cinq, dix ans, voire toute une vie dans certains cas.

> Lorsque Jeanne a rencontré Henri, elle connaissait son histoire : divorce difficile, deux enfants qu'il voyait peu. Malgré la réticence de sa famille, elle l'a épousé et ils ont eu deux enfants. Henri s'est avéré infidèle et, après dix ans de vie commune, ils se sont séparés dans les larmes et la tristesse : il avait une maîtresse enceinte, c'en était trop.
>
> Jeanne a alors refusé le divorce. Henri est parti vivre avec sa nouvelle compagne et le bébé. Quelques années après, il s'est séparé de nouveau et a rencontré Catherine, avec laquelle il est resté jusqu'à la fin de ses jours. L'un des enfants qu'il avait eus avec Jeanne, devenu avocat, a tenté d'aider ses parents à divorcer. En vain.
>
> À la mort de son toujours mari, Jeanne, quoique séparée de lui depuis quarante ans, a reçu la pension de réversion d'Henri.

Les différents types de divorces

• *Le divorce par consentement mutuel* : lorsque les époux sont d'accord sur tous les points relatifs à leur séparation.
• *Le divorce pour altération du lien conjugal* : auparavant, il fallait cinq années de rupture de la vie commune pour demander ce type de divorce ; désormais, deux années suffisent.

• *Le divorce pour acceptation du principe de la rupture* : les époux sont d'accord pour que le principe de la rupture soit acquis (donc pour que la faute ou un délai de séparation de deux ans ne soient pas requis), mais pas sur les autres aspects du divorce.

• *Le divorce pour faute* : depuis 2004, l'État, afin de désengorger les tribunaux et de réduire la durée des procédures, a manifesté la volonté claire de pacifier les divorces ; or le divorce pour faute, qui devait être supprimé, ne l'est pas.

C'est évidemment la forme qui attise le plus les conflits : il faut fournir le maximum de pièces, de témoignages qui sont demandés à l'entourage, ce qui aboutit souvent à des ruptures définitives entre belles-familles, entre amis du couple. Parfois, la contagion guerrière s'étend aux enseignants, aux gardiens d'immeuble, aux baby-sitters, à qui on demande de témoigner à charge contre l'« autre ». Heureusement, les divorces par consentement mutuel ont augmenté et les divorces pour faute diminué.

Les étapes du divorce

Tout d'abord, l'avocat de l'une des « parties » dépose une « requête en divorce », c'est-à-dire une demande officielle qui initie la procédure de divorce devant le juge. Il faut alors plusieurs mois pour obtenir un premier rendez-vous chez le juge des affaires familiales. Cette audience de « non-conciliation » est censée permettre de concilier les époux, c'est-à-dire d'essayer de dégager des points d'accord et de fixer, à défaut, les mesures provisoires qui vont régir la vie des époux et des enfants pendant la procédure de divorce. Auparavant cette audience avait notamment pour objet d'essayer de réconcilier les époux, de sauver le mariage, ce qui n'arrivait presque jamais. Cette requête initiale est dans presque tous les cas vécue comme un acte violent.

Justine, séparée depuis cinq ans, avait d'excellentes relations avec son ex-mari. Leurs deux fils étaient déjà étudiants en école de commerce, en route vers l'indépendance. Ils s'étaient séparés tranquillement et ne ressentaient pas le besoin de divorcer. Ils voyaient leurs enfants ensemble ou séparément. Et ils s'étaient mis d'accord sur la pension alimentaire.

Chacun avait rencontré quelqu'un. Lorsque Damien décida d'avoir un enfant avec sa nouvelle compagne, il fit part à Justine de son désir de divorcer, afin de clarifier leur séparation. Elle se déclara d'accord, mais laissa traîner… À coups de « on verra après l'été » et de « j'ai trop de travail pour m'en occuper », les mois passèrent… Lorsque la compagne de Damien apprit qu'elle était enceinte, celui-ci consulta un avocat et déposa une requête.
Justine la reçut comme une déclaration de guerre. De plus, l'avocate qu'elle choisit alors lui expliqua que la pension que lui versait Damien depuis leur séparation, au vu de sa situation, était dérisoire. Encouragée par cette avocate, elle attaqua. Elle n'avait pas compris ce que signifiait une requête dans le cours d'un divorce. Surtout, c'est la nouvelle de la grossesse qu'elle vivait très mal.

Après cette première audience de non-conciliation tenue en cabinet, suivent plusieurs mois pour rassembler les « pièces » et préparer la deuxième étape de la procédure de divorce, initiée par le dépôt d'une assignation (puis les conclusions en réponse de chacun des époux), qui établira notamment le type de divorce choisi. Cette deuxième étape se clôture par une audience de divorce devant le tribunal, et non plus dans le cabinet du juge.

Lorsque arrivent enfin les audiences

Ce qui est difficile, comme le soulignait Irène Théry, c'est le « choc du temps ». Après la longue période des négociations préparatoires, les délais imposés jusqu'à la date de convocation, l'attente dans les couloirs, le grand moment de l'audience est « expédié en quelques instants par un juge débordé ». Combien de couples racontent ces pénibles attentes, assis côte à côte avec leur avocat, leur conjoint avec l'autre avocat en face et le silence comme seule communication. On s'observe, on n'ose pas parler, tandis que l'avocat va rencontrer la partie adverse pour la première fois, notamment lors de l'audience de non-conciliation, et qu'une conversation à voix basse se déroule entre « confrères ». On interprète chaque geste, chaque soupir. On compte les minutes, on regarde les autres couples qui attendent.

Aura-t-on le droit de parler ? Pourra-t-on s'expliquer ? Sera-t-on entendu ? Fera-t-on bonne impression au juge – ce dernier parfois présenté comme « pas facile » par l'avocat qui ajoute que « ça aurait pu être pire » ? Faut-il s'en réjouir ?

« Lors des audiences, tant attendues, souvent redoutées, toujours investies, les divorçants font l'expérience d'une subite dépersonnalisation qui tranche le plus souvent avec les relations nouées avec l'avocat, notait Irène Théry. L'attente est sinistre, dans ces salles bondées, ces couloirs où s'entassent parfois des liasses de dossiers débordant des greffes[1]. »

Cette mise en scène ne fait que renforcer l'angoisse dans ces moments cruciaux qui influenceront toute une vie et même celle des enfants. La différence entre la gravité de la situation, les répercussions d'une décision tant attendue et le peu de temps qui lui a été consacré par le juge est très difficile à concevoir et à admettre pour le couple. C'est d'ailleurs la seule chose sur laquelle ils tombent d'accord en général : il n'a pas pris assez de temps.

La cérémonie judiciaire

Les juges des affaires matrimoniales (JAM devenu ensuite JAF, juge aux affaires familiales) ont été créés en 1975. L'effectif des magistrats a relativement peu augmenté, compte tenu de l'inflation des divorces depuis cette époque. Dans la pratique de ce métier difficile et bien mal rémunéré, cela donne beaucoup de dossiers à traiter, une vingtaine par jour, des moyens limités, un temps compté. Une audience devant le JAF dure en effet dix-huit minutes en moyenne !

C'est bien différent de ce qu'on observe dans les pays anglo-saxons, par exemple, où l'intervention des juges se limite aux dossiers les plus problématiques, ce qui permet de leur consacrer plus de temps, les audiences pouvant alors durer jusqu'à plusieurs jours dans les cas les plus délicats et complexes. Les autres dossiers, qui représentent la grosse masse, font intervenir des médiateurs familiaux ou relèvent de la négociation entre avocats.

La formation des juges, qui sont des juges délégués et non spécialisés, contrairement, par exemple, aux juges des enfants, est d'abord juridique ; elle n'est ni psychologique ni financière. Et pourtant, on leur demande d'avoir une bonne psychologie, une bonne gestion des conflits et une bonne compréhension des chiffres et des finances familiales. Vu les enjeux, la calculette, posée près de leur agenda, est même souvent l'objet qu'ils utilisent le plus souvent et qui tend de plus en plus à symboliser leur travail.

L'un de mes amis, lui-même gestionnaire de fortune, me racontait que le juge, n'ayant rien compris à ses émoluments, avait fait ses calculs sur la base de ses revenus bruts et non pas nets. Il n'avait pas eu le temps d'expliquer cela et avait dû redemander une nouvelle audience pour réparer cette erreur.

Telle autre personne, chef d'une grande entreprise, a eu le sentiment d'être victime de préjugés négatifs de la part du juge. « La pension alimentaire que je donnais à mon ex-épouse était probablement le double du salaire du juge. Quand nous sommes entrés, j'ai ressenti un regard désapprobateur, comme si j'avais tous les torts. »

Pour Alexia, la rencontre avec le juge, pourtant une femme, a été humiliante et douloureuse. « J'ai fondu en larmes et je me suis énervée. Elle m'a dit : "Bon, voyons, vous avez deux enfants, mais je lis dans le dossier que vous avez eu cinq avortements." Sous-entendu : vous passez votre temps à avorter. Elle confondait avortement (IVG) et interruption médicale de grossesse (IMG). » Alexia avait fait trois fausses couches et deux IMG pour malformation grave. Finalement, elle avait accouché de jumeaux en bonne forme. Le couple n'avait certainement pas supporté ces années de souffrance, de deuils de grossesse, d'attente d'une naissance à haut risque. Ils s'étaient séparés deux ans après cette naissance.

Cette audience a été extrêmement traumatisante pour Alexia. Le fait de devoir évoquer ses fausses couches et expliquer la différence avec un avortement a réactivé les périodes les plus dures qu'elle avait vécues auparavant.

On demande aux juges de trancher pour le « devoir de secours », les pensions alimentaires, les modes de garde, etc., mais, au fil des ans, ils sont aussi conduits à prendre des décisions d'éducation concernant les enfants. Est-ce vraiment leur rôle ? Ont-ils les bons éclairages, les bonnes informations pour ce faire ?

Les parents de Julien, leur fils cadet, n'arrivaient pas à se mettre d'accord pour le choix de la première langue au moment de l'inscrire au collège. Une nouvelle audience chez le juge a été demandée. La mère souhaitait que Julien choisisse l'allemand pour entrer dans un collège réputé de meilleur niveau, tandis que le père insistait pour que son fils étudie l'anglais, langue plus utile à son sens, mais qui ne permettait pas d'obtenir une place dans le collège proposé par la mère. Le juge a tranché pour l'anglais. Sur quelle base ?

Les audiences sont parfois renvoyées ou donnent lieu à des décisions immédiates lorsqu'un accord est trouvé devant le juge. Celui-ci annonce pour les autres une date de délibéré et rend sa décision après avoir réfléchi hors de la présence des avocats et des conjoints.

Lorsque le juge ne peut pas statuer, il peut demander des aides, c'est-à-dire qu'il peut recourir à des expertises psychiatriques ou notariales, ou encore solliciter des enquêtes sociales.

Depuis 2007, les enfants peuvent être entendus par le juge, soit parce qu'eux-mêmes en font la demande, soit parce que celui-ci considère que c'est utile pour la procédure. Le cas est fréquent dans les demandes de résidence alternée, de changement de résidence, etc. L'article 388-1 du Code civil dispose que, dans toute procédure le concernant, le mineur capable de discernement (sa maturité et son degré de compréhension, sa capacité à exprimer un avis réfléchi, sont de nature à attester de ce discernement) peut être entendu par le juge lorsque son intérêt le commande. L'enfant peut se faire accompagner d'un avocat spécialisé ou d'un adulte. Il peut demander que ses propos ne soient pas consignés.

Combien d'enfants sont instrumentalisés par les parents pour être leur interprète ? Combien adressent au juge des lettres écrites sous la dictée, mais bourrées de fautes d'orthographe pour prouver que c'est bien eux qui les ont rédigées ? Plus généralement, que de temps passé à s'occuper du divorce plutôt que des enfants… tout en se servant d'eux et en brandissant leur intérêt !

Un passé qui ne passe pas

Ces audiences, ces rendez-vous chez les avocats, ces témoignages à demander, ces papiers justifiant des moindres frais sur lesquels il faut remettre la main, ces fiches de paie à rechercher et à photocopier, etc., sont chronophages. Et puis, comme si ça ne suffisait pas, on s'est trompé de document, ce n'était pas la bonne facture, le dossier est incomplet, les éléments fournis sont inutiles. Ce temps joue contre le travail de deuil obligatoire pour la déconstruction du couple. Alors qu'il faudrait s'attacher à vivre vraiment une nouvelle vie, alors qu'il faudrait essayer de penser à autre chose, de s'ouvrir à autre chose, ces démarches envahissantes incitent à ruminer l'histoire du couple, une histoire que tout conspire à empêcher de passer.

Alors qu'il devait ouvrir, le divorce enferme. La guerre est manifestement déclarée : celui (celle) que vous avez aimé(e) est devenu(e) votre pire ennemi(e)... Pour autant, il n'est jamais trop tard pour consulter, faire une médiation et en revenir à une dimension amiable du divorce.

CHAPITRE 8

Comment éviter de transformer un divorce en guerre civile ?

« Il n'y a pas de vol entre époux […]. Avec son iPhone, je pris une photographie de l'ensemble de la pièce, puis d'une série de détails. J'avais préparé un sac en plastique pour collecter les pièces à conviction […]. L'écran affichait la page d'accueil de son profil sur Facebook. Je me mis au travail. Tandis que je cliquais sur la fenêtre des messages reçus, je branchai un disque dur externe pour faire une copie de ses fichiers. L'ordinateur indiqua que l'opération prendrait une heure quarante-sept minutes. Je sentis mes pupilles se dilater et de nouveau la sueur sur mes paumes : j'avais à peine le temps. Je me hâtai. J'ouvris ses tiroirs les uns après les autres, photographiai les papiers administratifs, les relevés bancaires, les feuilles de salaire et les factures. »

Éliette Abécassis, *Une affaire conjugale*,
Paris, Albin Michel, 2010, p. 9.

Comment être sûr(e) de réussir à aggraver une situation...

Pour les avocats

1. Conforter son client dans le fait qu'il va se faire avoir.
2. Lui expliquer comment fouiller dans les affaires de l'autre pour trouver des « preuves ».
3. Lui faire photocopier tout ce qu'il trouve, notamment pour rechercher l'infidélité à tout prix.
4. Lui faire vider ses cartes mémoire et ses messageries (cité par *Le Divorce pour les nuls*[1]) : ce n'est pas le moment de se faire prendre pour infidélité.
5. Lui faire évaluer les biens communs, sans oublier l'armoire de sa tante Henriette et les cadeaux de mariage.
6. Lui faire annuler toutes les procurations qu'il a signées (cité par *Le Divorce pour les nuls*) : ça renforcera le climat de confiance !
7. Demander une belle provision financière car « c'est parti pour être un divorce particulièrement difficile ».
8. Ne pas informer de la lettre de l'autre avocat qui va arriver par le courrier : la surprise sera totale, le choc rude, et ainsi on apparaîtra comme le sauveur.
9. Conseiller à son client de ne pas quitter le domicile conjugal (cité dans *Le Divorce pour les nuls*), même si l'ambiance est invivable ; attendre à la rigueur un acte violent pour partir.
10. Conseiller à son client (sa cliente) de ne pas chercher de travail : la pension alimentaire sera plus importante que s'il (elle) travaillait.

Pour les clients

1. Ne jamais céder, au motif que si on commence, on ne pourra plus s'arrêter et on n'obtiendra rien.
2. Expliquer scrupuleusement à vos enfants que l'autre est très méchant et qu'il (elle) n'a qu'une envie, celle de « nous » détruire.
3. Correspondre par mail pour ce qui a trait aux enfants : on sait combien les courriels sont délicats, romantiques, bien rédigés et nuancés.

4. Éviter systématiquement de donner des informations concernant le planning des enfants, les médicaments qu'ils doivent prendre, etc. ; l'autre devrait « deviner ».

5. Ne plus garder aucun contact avec sa belle-famille car on ne l'a jamais aimée (et pourtant, ce sont les grands-parents des enfants).

6. Vérifier les comptes de l'autre pour rechercher l'infidélité et les opérations de carte de crédit dans de grands restaurants et de beaux hôtels où il se rendrait accompagné.

7. Ne pas dire où l'on part en week-end avec une conquête, mais laisser des informations à sa secrétaire ou à toute personne pouvant les répandre.

8. Téléphoner pendant les heures de travail pour parler argent : c'est bien connu, on est très disponible et détendu juste avant une réunion professionnelle importante.

9. Présenter un nouveau partenaire aux enfants sans en avoir informé son ex-conjoint.

De la guerre froide à la guérilla

Quand la guerre éclate, chaque partenaire en tandem avec son avocat va donner libre cours à sa créativité en matière de dénigrement, de mise en accusation de l'autre. L'idée qui prévaut ici est bien sûr que, plus on rabaisse l'autre, plus on se valorise et plus on se met en position d'en retirer gains et avantages. La crainte de ne pas se « faire avoir », assortie du présupposé que, la négociation étant un rapport de forces, plus on demande, plus on obtient, donne ainsi parfois lieu aux pires déchaînements. On pourrait en rire si le conflit que cela attise n'était aussi dramatique que sordide.

C'est bien plus qu'un effet pervers du processus judiciaire, c'est presque une inversion de ce qui devrait être sa signification : résoudre conflits et litiges, afin de permettre, sinon une réconciliation, du moins à chacun de se reconstruire. En matière civile et privée, surtout familiale, on en est loin, du moins dans le cadre de

la justice française, qui reste attachée à la forme du procès accusa-
toire et à la sanction par le juge. Atténue-t-on la violence ou bien
l'attise-t-on ? C'est la question qu'on doit se poser.

Pour commencer, la lecture des premiers rapports issus de l'avocat de la partie adverse est vécue comme un choc, comme si on
était l'objet d'une injustice majeure. Non, il ne peut pas dire ça !
Non, je n'ai pas fait ça ! Non, je ne suis pas ça ! Chacun découvre
en effet l'histoire de son couple racontée par l'autre selon son
optique, forcément partiale et subjective, mais surtout habilement
disposée pour servir son intérêt. Le *story-telling* ne sévit pas qu'en
politique. Il en va ici comme pour un fait divers criminel, mais
soudain, c'est sa vie, sa vie ensemble et parfois avec les enfants,
qu'on découvre racontée « autrement », suscitant le sentiment
qu'elle est salie. Avec des détails, bien sûr, beaucoup de détails,
parfois dérisoires, mais dont l'évocation, qu'on ressent alors comme
sordide, déclenche nécessairement de violentes émotions, sources
de réactions agressives.

> Dans la demande de divorce de sa femme, Éric se voit repro-
> cher la cohabitation, insupportable pour son épouse, avec sa mère
> durant dix mois. « Ma mère est venue vivre chez nous car on lui
> a découvert une leucémie foudroyante. Heureusement, elle s'en
> est sortie, mais je voulais qu'elle soit soignée à Paris et, surtout,
> elle ne pouvait pas rester seule. Ma sœur vit à la campagne et ma
> mère s'est installée chez elle pour sa convalescence, mais toute sa
> chimiothérapie a eu lieu à Paris. Dans le rapport de l'avocate de
> ma femme, on dirait que ma mère est venue "en vacances" chez
> nous. À aucun moment ne sont mentionnées les raisons de son
> séjour. Je suis écœuré. »
> Jacinthe a le même sentiment lorsqu'elle reçoit la lettre de l'avocate
> de son mari Jacques. Il l'a quittée pour une autre femme il y a six ans
> et demande le divorce. Or il est spécifié que Jacinthe a vécu avec un
> ami durant trois ans, ce qui est censé « adoucir » le fait que Jacques
> l'a quittée. « J'ai eu en effet une liaison durant deux ans et non trois,
> mais nous ne vivions pas ensemble. On ne peut pas comparer. »

Si ces échanges deviennent fréquents, la violence qu'ils dégagent ne peut qu'augmenter. Surtout lorsque interviennent justificatifs, témoignages, attestations. Ils n'ont bien souvent pas grande valeur, en particulier lorsqu'ils émanent de la famille, mais ils contribuent très largement à déclencher des haines de clans et à engendrer des ruptures définitives avec la belle-famille, c'est-à-dire les grands-parents, les oncles, les tantes et, de fait, les cousins. Et ce sont les enfants qui en pâtissent directement. Quant aux amis communs, ils sont sommés de « choisir leur camp ». En la matière, on s'en doute, toutes les surprises sont possibles : la « meilleure amie » peut ainsi tourner casaque ou le couple avec lequel on a passé de « super-vacances à quatre » raconter les pires détails dont on ne se souvenait même plus, en les déformant, de plus… Fini la bonne entente amicale. L'angoisse peut alors s'installer : qui va raconter quoi ? En qui avoir confiance ? Qui va trahir ?

On entre là dans le domaine de ce qu'on pourrait appeler les « dommages collatéraux ».

> Astrid et Romain sont tous deux avocats. Et pourtant, leur divorce a été féroce. Auparavant, leurs deux enfants étaient gardés tous les mercredis par les parents d'Astrid. Le témoignage de la mère de cette dernière contre son gendre a déterré la hache de guerre. Romain a refusé que ses beaux-parents gardent ses enfants un mercredi sur deux, jour qui lui revenait. Il préférait payer une baby-sitter.
> Quant à Martin, il a interdit à ses parents toute communication avec leur belle-fille car ils ne se rendaient pas compte du mal qu'elle lui avait fait. Comme ils adoraient leur belle-fille, ils avaient essayé de garder des liens amicaux avec elle. Même si c'était Martin qui avait décidé de se séparer, il considérait qu'elle avait tout fait pour qu'ils se quittent.

À l'attaque subie ou même simplement redoutée, il s'agit de répondre par l'offensive, voire de « tirer le premier ». Déjà qu'en temps normal la communication était difficile, là, la non-communication, sinon *via* des documents estampillés « officiels »

REFLÉCHISSEZ AVANT DE DIVORCER !

et au ton volontairement cassant, assortis de termes lourds et de jargon juridique, aggrave l'incompréhension.

Après une vingtaine d'années de vie commune, ayant donné naissance à deux enfants, Guillaume et Géraldine ont vécu un divorce extrêmement difficile.

Au moment de la séparation, actant des disputes majeures qui duraient depuis des années, Guillaume a proposé à sa femme, à partir de ses calculs et des informations qu'il avait recueillies sur les barèmes des pensions alimentaires, 20 % de plus que ce que Géraldine aurait dû percevoir. Il a également proposé de lui donner de l'argent pour qu'elle puisse acheter un appartement.

Géraldine, blessée par sa demande de divorce, qu'elle vivait comme un abandon, a refusé et a trouvé une avocate réputée pour sa ténacité. La procédure de divorce a duré cinq ans. Les honoraires des deux avocats auraient permis d'acquérir un studio.

Finalement, le montant de la pension alimentaire obtenue a été inférieur à la proposition initiale de Guillaume. Et, comme les prix de l'immobilier avaient augmenté dans l'intervalle, la somme qu'il a donnée à sa femme n'a pas permis pas à celle-ci de se loger comme elle aurait pu le faire cinq ans auparavant.

Quand vous recevez un exemple de la prose pondue par la « partie adverse », l'indignation et l'inquiétude vous gagnent. Aussitôt, vous appelez votre avocat. Qui n'est pas disponible. En attendant qu'il vous rappelle, jamais assez vite vu votre état, vous ruminez, et la tension monte. Le voilà qui appelle finalement. Vous voulez vous épancher, expliquer, justifier. Il n'a guère le temps, bien sûr, et puis, il doit d'abord échanger avec la partie adverse. Il reviendra vers vous… Dans l'intervalle, un détail vous revient, un argument à faire valoir, une idée. Vous rappelez, vous tombez sur un répondeur, vous envoyez un mail, et puis un autre. Et l'angoisse vous gagne. Combien ça va coûter tout ça ?

Vous devriez changer d'appartement, mais où aller ? Et organiser un déménagement, vous n'en avez pas le courage, pas la force.

Vous devriez vous aérer quelques jours au soleil, mais ce n'est pas le moment. Qui sait si on ne vous le reprochera pas ? Vous devriez sortir un peu, mais seul(e), est-ce vraiment la peine ? Et avec qui ? Si c'est pour ennuyer vos amis avec vos histoires, ça ne servirait à rien. Et vous n'avez pas le cœur ni l'énergie de voir de nouvelles têtes. De plus, votre avocat vous incite à vous présenter en victime, il ne manquerait plus que vous croisiez votre ex alors que vous êtes avec quelqu'un. Qu'est-ce qu'il penserait ? Qu'est-ce qu'il dirait, surtout ?

Alors, vous vous enfermez et vous tournez en rond. Parfois, chez vous, vous posez le regard sur un objet ou vous tombez sur un livre ou une photo qui vous rappelle des souvenirs vécus en couple. Pas forcément mauvais d'ailleurs. En y repensant, vous oscillez entre fureur et tristesse. Parfois aussi, vous vous surprenez à fouiller. Si l'autre est parti, il reste tout de même des traces. Qu'est-ce que c'est que cette écharpe qu'il n'a jamais portée ? D'où elle sort ? Ou bien cette lingerie dans laquelle vous ne l'aviez jamais vue. La rage parfois vous prend, la rancœur vous envahit.

« Patientez tranquillement afin que votre adversaire esquisse ses premiers mouvements, conseillait Sun Tse ; mais, en attendant, efforcez-vous de l'affamer au milieu de l'abondance, de le tourmenter dans le sein du repos et de lui susciter mille inquiétudes dans le temps où il devrait se trouver en pleine sécurité. Mais si l'ennemi ne répond pas à votre attente, qu'il reste inerte et ne paraît pas disposé à sortir de sa zone de rassemblement, sortez vous-même de la vôtre. Par votre mouvement, provoquez le sien, donnez-lui de fréquentes alertes, faites-lui naître l'occasion de quelque imprudence dont vous puissiez profiter[2]. » Pris dans cette spirale négative, certains suivent à merveille cette recommandation : ils menacent, voire agressent de façon indirecte, harcèlent. Tel mari reçoit dix pizzas qu'il n'a pas commandées, petit cadeau de son ex. Telle épouse trouve un pneu crevé, pile le jour de son évaluation annuelle au travail. Les scandales sur le lieu professionnel ou devant l'école des enfants ne sont pas rares. Bienvenue au pays de la loi du Talion !

Et pourtant, tout cela, ce ne sont encore qu'escarmouches, que de la guérilla, un premier niveau dans la belligérance. Les choses sérieuses n'ont pas encore vraiment commencé, mais on va bientôt passer à un niveau supérieur. Et pour ce faire, il faut s'armer.

Le choix des armes

Voici un petit aperçu de l'attirail juridique dont peut user le va-t-en-guerre bien déterminé à partir au combat. Vous êtes prêts ? C'est parti.

La main courante

Une main courante est une déclaration faite par un particulier et consignée dans un registre de police ou de gendarmerie. Elle vise à consigner la date d'événements d'une certaine gravité, mais qui ne constituent pas forcément à eux seuls une infraction, c'est-à-dire un délit ou un crime. Cela peut cependant servir de début de preuve afin de dater des faits pouvant éventuellement être mentionnés dans le cadre d'une procédure (pénale ou civile) intervenant ultérieurement. On se rend au commissariat pour consigner les faits. C'est évidemment utile dans certains cas, mais bien souvent exagéré.

> Anne et André se sont violemment disputés devant leurs enfants, ce n'était évidemment pas la première fois. Lui a insulté sa femme, la traitant de tous les noms. Elle s'est jetée sur lui pour le griffer. Il a essayé de la contenir, mais elle s'est échappée… pour se rendre aussitôt au commissariat faire une main courante pour violence physique. Quinze jours après, nouvelle scène : ils se disputent encore. André a découvert qu'elle avait un amant, il en a la preuve maintenant. Il attrape son téléphone mobile pour lire les messages, tandis qu'elle jette son ordinateur par terre et court au commissariat faire une nouvelle main courante pour violence.

Quinze jours après, même scène. Il est soupçonneux. Elle le bouscule. Ils en viennent aux mains. Elle appelle la police qui, devant les enfants, emmène André. Il restera vingt-quatre heures en garde à vue.

Le dépôt de plainte

Si vous avez été victime d'une infraction, vous pouvez porter plainte en vue d'informer le procureur de la République des faits commis à votre encontre. Cela peut conduire au déclenchement de poursuites pénales contre l'auteur présumé et éventuellement aboutir à sa condamnation ainsi qu'à votre indemnisation.

La garde à vue

Selon le Code de procédure pénale, la garde à vue est une mesure de contrainte décidée par un officier de police judiciaire. Une personne à l'encontre de laquelle il existe une ou plusieurs raisons plausibles de soupçonner qu'elle a commis ou tenté de commettre un crime ou un délit qui pourrait être puni d'une peine d'emprisonnement peut être maintenue à la disposition des enquêteurs. C'est censé permettre de parvenir à l'un au moins des objectifs suivants : rendre possible l'exécution des investigations impliquant la présence ou la participation de la personne ; garantir la présentation de la personne devant le procureur de la République afin que ce magistrat puisse apprécier la suite à donner à l'enquête ; empêcher que la personne modifie les preuves ou indices matériels ; empêcher que la personne fasse pression sur les témoins ou les victimes ainsi que sur leur famille ou leurs proches ; empêcher que la personne se concerte avec d'autres personnes susceptibles d'être ses coauteurs ou complices ; garantir la mise en œuvre des mesures destinées à faire cesser le crime ou le délit. Cette mesure privative de liberté, mais d'une durée strictement limitée (de vingt-quatre heures à quarante-huit heures), reste sous le contrôle permanent de l'autorité judiciaire.

Bien sûr, les violences conjugales sont parfois effroyables. Nombreuses sont en particulier les femmes qui décèdent quotidiennement sous les coups de leur compagnon ou qui gardent des séquelles à vie. La garde à vue permet de protéger les victimes, ce qui est essentiel, et d'instruire une affaire, ce qui est légitime. Elle est toutefois traumatique, dans sa forme et dans ce qu'elle représente. Surtout lorsqu'elle est pratiquée avec excès, comme le montrent les exemples suivants, et quand elle aboutit à des délations inexactes qui laissent des traces durables dans les familles. Tant il est difficile de savoir la vérité dans ces contextes émotionnels très intenses.

Adriana est une femme ravissante de 38 ans, professeur d'arts plastiques. Elle s'est mariée avec Farid, rencontré à la fac. Les deux familles n'étaient pas ravies de ce mariage, mais chacun y a mis du sien. Ahmed est né de cette union. Au bout de dix années, le couple a fini par être en grande souffrance : incompréhension, malentendus, reproches, etc. Adriana a menacé de partir. Elle en avait assez, d'autant plus que son fils assistait souvent aux disputes. Farid a bien senti que sa femme lui échappait. Il n'avait pas l'habitude d'exprimer ses sentiments et continuait de montrer son désir pour son épouse, laquelle refusait de plus en plus ses avances.

Un soir, après une énième dispute, il a voulu absolument la récupérer et l'a obligée, dira-t-elle, à faire l'amour. Le lendemain, elle a porté plainte pour viol. Juste avant la décision de justice, Ahmed a dénoncé son père pour attouchements. Ce dernier sera placé en garde à vue puis, après le jugement, privé de ses droits de garde durant deux ans jusqu'au jour où l'enfant se rétractera en avouant à son parrain qu'il avait dit cela pour se venger. La vérité sera rétablie, Farid retrouvera son fils et lui pardonnera.

Thomas et Gladys représentaient avec leurs trois enfants une famille modèle, jusqu'au moment où Agathe, leur fille aînée, est entrée dans l'adolescence. Opposante, rebelle, elle ne s'entendait avec personne et montrait une jalousie féroce vis-à-vis de ses deux jeunes frères. Heureusement, ses voisins de palier maintenaient avec elle une relation chaleureuse, ce qui rassurait les parents. Un soir, toutefois, elle s'est confiée aux voisins : elle a expliqué que son père se comportait mal avec elle. De fil en aiguille, elle a avoué qu'il avait tenté plusieurs fois de la violer. Terrifiés par ces révélations, les voisins ont contacté les parents pour clarifier les choses. Entre-temps, Agathe avait « tout » raconté à l'un de ses professeurs, qui avait alerté le proviseur du lycée et la brigade des mineurs.

Jacques a été placé en garde à vue à la suite d'une dénonciation de ce type. Sa fille Aline, à sa demande, est allée en internat en attendant le procès. Il n'a pu revoir sa fille. Quelques mois après, Aline a décompensé : épisode délirant, tentative de suicide. Elle a été hospitalisée dans un service de psychiatrie de l'adolescent où elle a avoué qu'elle avait tout inventé au sujet de son père : elle était persuadée que ses parents ne s'entendaient pas et qu'ils devaient divorcer.

Dans le livre de Nelly Alard[3], *Moment d'un couple,* « roman » qui retrace par le menu la séparation d'Olivier et de Juliette, époux trentenaires en pleine crise, ce n'est pas suite à une plainte de son épouse qu'Olivier se retrouve en garde à vue, mais après avoir tenté de rompre avec… sa maîtresse Victoire.

Un soir qu'il est chez lui à prendre une douche avant de se rendre chez des amis, Olivier entend sonner. Il pense que c'est Juliette, partie avant lui et qui aurait oublié quelque chose ; il ouvre. C'est Victoire, avec qui il veut rompre. Elle entre, elle hurle, il tente de la calmer, son peignoir de bain s'ouvre, il le referme, elle se débat, le téléphone sonne, c'est Juliette qui doit s'inquiéter de ne pas le voir arriver, il explique à Victoire qu'il ne l'aime pas, que c'est fini, que c'est sa femme qu'il aime, elle casse une photo encadrée de Juliette, il a peur que celle-ci revienne pour le chercher. Il finit par jeter dehors Victoire. Puis entend le bruit d'une chute dans l'escalier. Au bout d'un moment, il va vérifier si tout va bien. Non, il n'y a plus personne. Elle n'a pas dû se faire bien mal. C'est fini ?

« Pendant les deux semaines qui avaient suivi, il n'avait eu aucune nouvelle de Victoire. [...] Jusqu'au jour de sa garde à vue, où il apprit qu'en sortant de chez lui ce jour-là, Victoire était allée chez un médecin faire constater ses hématomes, avant de porter plainte contre lui pour violences auprès du procureur de la République que, par chance, elle connaissait personnellement. Amer, Olivier pensa qu'il devait sans doute s'estimer heureux qu'elle ne l'ait pas, tant qu'à faire, accusé d'agression sexuelle. Pour peu que quelqu'un l'ait vu en peignoir dévaler l'escalier après elle, l'affaire aurait été entendue[4]. »

Ça ne l'empêchait pas de revoir la scène, qui restera longtemps comme un traumatisme :

« Les flics débarquant chez eux au petit matin, l'emmenant sous les yeux des enfants ébahis [...], Juliette affolée. Le trajet entre deux policiers jusqu'au XIIIe arrondissement, dans une voiture banalisée – l'impression soudain d'être un acteur dans un film, un mauvais film de série B. La garde à vue[5]. »

Combien de fois avons-nous entendu : « Je voudrais qu'il soit mort (qu'elle soit morte) » ? On comprend que le ressentiment soit puissant et puisse conduire à des réactions qui n'ont d'autre but que de détruire l'autre.

C'est ainsi que de nombreuses femmes accusent leur mari de viol, comme on l'a vu, ou encore d'attouchements et de gestes déplacés sur les enfants, en particulier quand il s'agit de conserver à tout prix la garde de ceux-ci. Comment supporter que l'autre, le traître, l'ennemi puisse continuer à voir les enfants quand on se retrouve seul ? La tristesse que cela entraîne se transforme bien souvent en rage délirante pour certaines mères. Rassurons-nous, l'égalité des genres en la matière est respectée : les hommes se livrent à d'autres débordements et usent d'autres techniques, comme la violence physique, l'atteinte à la réputation, le dénigrement.

Les grands-parents eux-mêmes peuvent se retrouver pris dans cet engrenage, tel ce grand-père accusé d'attouchements sur sa petite fille et qui a fait l'objet d'une garde à vue avant d'être innocenté. Telle grand-mère voit la police débarquer pour violence à enfant, parce qu'elle a crié sur son petit-fils et lui a donné une tape sur les fesses quand il restait sous la pluie et refusait de rentrer à la maison. Il a alors appelé son père pour dire que sa grand-mère le frappait, lequel, trop content, a envoyé la police.

Les signalements à la DASS : quand la machine s'emballe

Le divorce de Jennifer et Franck a été particulièrement difficile. Ils avaient tous les deux eu une liaison extraconjugale, mais Franck continuait et en faisait état aux yeux de tous. Jennifer lui a alors signifié qu'elle souhaitait qu'ils divorcent. Or Franck n'y était pas prêt : il restait attaché à sa femme et à sa famille. Finalement, il a accepté la séparation, mais a déclenché les hostilités car il avait peur de perdre ses enfants, Jules, 10 ans, et Jane, 12 ans.

Jennifer voulait la garde complète, mais Franck a obtenu une garde alternée. Les enfants passant d'un système rigide chez la mère à un système laxiste chez le père, le dénigrement des parents, la colère de la mère, la présence de la maîtresse de Franck : tout a concouru à augmenter les tensions.

Un jour que Jane a voulu sortir le soir, sa mère s'y est opposée et elles en sont venues aux mains. Jane s'est enfuie chez son père, qui est allé au commissariat déposer une main courante. Un mois après, un courrier de la Direction départementale de l'action sociale (DASS) est arrivé.

Madame,

La situation de vos enfants vient de faire l'objet d'une information préoccupante.

En application de la loi 293 du 5 mars 2007 réformant la protection de l'enfance, dans le cadre du dispositif parisien le Service social départemental polyvalent est chargé d'évaluer la situation de vos enfants et de déterminer les actions d'aide ou de protection éventuelles dont votre famille pourrait bénéficier.

Dans cet objectif, j'ai demandé qu'une rencontre avec M. X., assistant social, ait lieu rapidement.

Vous avez rendez-vous... à 15 heures.

La présence de vos enfants à cet entretien est nécessaire.

En cas d'impossibilité, etc. etc.

Jennifer a été très secouée par cette convocation : elle n'avait pas imaginé que cette dispute puisse devenir un cauchemar.

L'assistant social a remis son rapport à la brigade des mineurs. L'aide sociale à l'enfance a demandé une évaluation des enfants et une association spécialisée a organisé des rendez-vous avec les enfants séparément, puis avec la mère et enfin avec le père. Une expertise psychiatrique a été conduite pour les deux parents et une action éducative proposée pour les deux enfants.

Tout cela n'a fait qu'aggraver le contentieux entre les parents. Les enfants, eux, ont eu des relations assez distantes avec les éducateurs : ils avaient peur que tout soit consigné dans le « dossier ». Après une année, cette action s'est arrêtée.

Cette gifle que Franck a donnée à son fils est la goutte qui a fait déborder le vase.

Franck s'était remarié et avait eu un deuxième enfant avec sa nouvelle compagne. Son fils, Justin, avait à l'époque 10 ans ; la mère de ce dernier s'était elle aussi remariée de son côté et avait eu un autre enfant.

Justin passait son temps à provoquer son père, probablement parce que c'était compliqué pour lui d'avoir une petite sœur, d'autant que, du côté de sa mère, c'était la même chose. Il était passé d'enfant unique à seul garçon d'une demi-fratrie de trois en peu de temps. Il ressentait un manque d'attention du côté de sa mère et du côté de son père, les deux couples étant centrés sur les naissances.

Le jugement de divorce avait attribué la garde à la mère : il allait un week-end sur deux chez son père et semblait bien adapté à cette situation. Cependant, en grandissant, il avait développé un comportement d'opposition systématique à son père. Un jour, excédé, celui-ci, probablement pour de mauvaises raisons, lui donna une paire de gifles, claques que lui-même avait reçues pendant son enfance. Franck racontait que son père n'était pas « causant » et que sa mère avait d'autres choses à faire que de s'interposer entre son père et lui.

La seconde gifle arriva quelques mois après, lorsque Justin revint de l'école avec un carnet où il avait falsifié une note de peur de la réaction de son père. Très soucieux de la scolarité de son fils, celui-ci mettait un point d'honneur à regarder toutes ses notes et à le faire travailler les week-ends où il venait chez lui. C'étaient les seuls échanges qu'ils avaient. Cet incident a donc créé un conflit, déclenché une nouvelle gifle et, quelques jours après, le père a été convoqué par la directrice de l'école : Justin avait raconté à sa maîtresse qu'il était battu, la maîtresse l'avait répercuté à la directrice et celle-ci avait fait un signalement. À partir de là, enquête sociale, expertise, etc.

Justin a expliqué qu'il avait peur de son père depuis très longtemps. L'expertise psychiatrique est restée assez neutre, mais elle a finalement conforté les mesures prises en urgence par le juge : Franck ne verrait son fils que la journée du samedi, un week-end sur deux ; Justin ne passerait plus le week-end complet chez lui.

Bien entendu, ces mesures provisoires ayant beaucoup blessé Franck, il y eut à nouveau des disputes fréquentes entre Franck et Justin concernant les propos de Justin. Franck trouvait cette situation injuste ; certes, il avait donné deux gifles à son fils mais n'avait-il pas lui-même reçu des centaines de gifles pendant son enfance ?

L'éviction civile pour violence conjugale

Les violences au sein du couple peuvent revêtir de multiples formes : physiques (coups avec ou sans utilisation d'objet, strangulations, séquestrations), mais aussi verbales (injures, menaces), psychologiques (humiliations), sexuelles (agressions sexuelles ou viols), matérielles (dégradations volontaires), économiques (spoliations, contrôle des biens essentiels, interdiction de travailler). Elles peuvent aussi passer par la confiscation de documents (carte nationale d'identité, passeport, livret de famille, carnet de santé, etc.).

Ces situations sont exceptionnelles, elles ne doivent pas être confondues avec les cas dont je traite dans ce livre. Il y a une différence évidente entre un divorce « normal », qui tourne mal, et les situations, plus rares, où des relations pathologiques s'exerçaient depuis longtemps, sous-tendues souvent par des personnalités perverses. Les mesures de protection sont essentielles ; elles protègent l'individu ; elles offrent une aide indispensable. Mais ce qui m'intéresse ici, c'est le détournement de certaines protections.

Afin de répondre à un impératif de protection de l'époux victime et des enfants dans les situations d'urgence, des dispositions novatrices ont été introduites par la loi du 26 mai 2004. En application du nouvel alinéa 3 de l'article 220-1 du Code civil, lorsque les violences exercées par l'un des époux mettent en danger son conjoint, et un ou plusieurs enfants, le juge aux affaires familiales peut être saisi, en amont de toute procédure de divorce, en vue de statuer, à l'issue d'un débat contradictoire, sur la résidence séparée des époux. Il doit alors préciser lequel d'entre eux continuera de résider dans le logement conjugal. Sauf circonstances particulières, il attribuera la jouissance de celui-ci au conjoint qui n'est pas l'auteur des violences, D'une part, le juge pourra organiser immédiatement la vie séparée des époux et des enfants en statuant sur les modalités d'exercice de l'autorité parentale ainsi que sur la contribution aux charges du ménage. D'autre part, l'exécution de la décision sera mieux garantie par l'institution d'un mécanisme dérogatoire au droit commun de l'expulsion. Ainsi, l'exigence de respecter un délai de deux mois suivant le commandement de quitter les lieux ne sera pas applicable. Sera également écartée toute possibilité de sursis à l'expulsion pendant la période hivernale ou de report de la mesure pour des motifs particuliers, telle l'impossibilité de relogement de l'intéressé. Toutefois, afin que la clarification de la situation personnelle des époux intervienne rapidement, dans l'intérêt même de la famille, la loi prévoit la caducité automatique de ces mesures à défaut du dépôt d'une requête en divorce

Il n'est pas rare dans les faits que ces dispositions soient utilisées par l'un des membres du couple, en dehors de toute violence avérée, pour charger l'autre.

Jérôme et Louise avaient des conflits récurrents depuis la naissance de leur troisième enfant. Jérôme avait le sentiment qu'il avait clairement dit à son épouse qu'il ne souhaitait pas d'une nouvelle grossesse, car le couple battait de l'aile, mais elle avait pensé, comme pour les deux premiers, que Jérôme serait malgré tout content. Lui avait depuis longtemps l'impression que sa femme décidait de tout, qu'il était complètement disqualifié, qu'il n'avait plus d'autorité auprès de ses enfants. Louise se plaignait qu'il avait du mal à prendre des décisions et qu'il était trop soupe au lait. C'est dans ce contexte qu'ils ont pris rendez-vous pour une thérapie de couple.

Après trois entretiens très tendus, Louise s'est abstenue de venir à une consultation, expliquant au thérapeute qu'elle ne voyait pas d'amélioration, mais elle a tout de même accepté de prendre un nouveau rendez-vous. Le jour prévu pour la séance, elle a laissé un message pour informer qu'elle ne viendrait pas. Jérôme est arrivé, effondré : il avait trouvé les chambres vides, les placards sans vêtements d'enfants. Une ordonnance du juge était posée sur une table, autorisant madame à quitter le domicile conjugal… pour violences aggravées sur femme et enfants.

Les détectives privés

Nous ne sommes plus aux temps de la Nouvelle Vague, où, chez Claude Chabrol, Michel Bouquet faisait pister les turpitudes de Stéphane Audran dans les bras de Maurice Ronet… avant d'assassiner ce dernier ! On aurait tort cependant de croire que cette profession a disparu de l'horizon conjugal. Elle a même retrouvé un nouvel élan avec la montée des divorces. Certes, les constats d'adultère ne se demandent plus aussi souvent ; il faut d'ailleurs surtout venir avec un huissier pour en faire constater un. De plus, l'adultère n'est plus considéré comme une faute péremptoire de divorce. Cependant, d'autres missions sont confiées à ces enquêteurs.

Dans un divorce difficile entre deux psychiatres, le mari demanda à un détective de se poster en bas du cabinet de consultation de sa femme pour dénombrer combien elle avait de patients non déclarés : elle était salariée dans un hôpital et consultait comme psychanalyste toutes les fins d'après-midi dans un cabinet, mais sans le déclarer. Il a pu ainsi prouver qu'elle avait d'autres revenus que ceux dont elle faisait état officiellement.

Dans une autre situation, c'est la femme qui a mandaté un détective privé pour prouver que son mari n'habitait pas là où il prétendait vivre. Quant à Jacques, qui avait dit qu'il partait travailler en province, un détective l'a pris en photo à l'embarquement d'un avion pour Venise avec sa dulcinée… comme dans *La Peau douce* de François Truffaut !

En somme, ce n'est pas pour chercher la sérénité qu'il faudrait divorcer, mais bien quand on l'a trouvée. En n'oubliant jamais que, même celui qui croit être vainqueur y laisse des plumes !

Carole et Alain n'auraient jamais imaginé en divorçant, comme de nombreux couples, combien leur séparation allait leur coûter cher, dans tous les sens du terme.

Incapables tous les deux de discuter, conseillés par des amis, ils firent un premier choix d'avocats sans comprendre le prix de cette procédure. Comme la plupart des couples, ils ne savaient rien des divorces. Confiant chacun dans le nom d'avocates connues pour être « très bien », à 500 euros de l'heure, ils commencèrent une procédure. Alain était chef de projet dans une petite entreprise et gagnait 2 800 euros par mois ; Carole était vendeuse de vêtements d'enfants et gagnait 1 700 euros par mois. Grâce à leur famille qui leur avait prêté l'apport nécessaire, ils avaient acheté, en créant une SCI, un joli appartement de 70 mètres carrés dans Paris.

Les conflits éclatèrent entre eux alors qu'ils étaient d'accord sur le mode de garde des enfants, et c'est à coups de mails violents, de conversations téléphoniques odieuses et d'insultes qu'ils commencèrent à communiquer. Bien entendu, la procédure stagnait. Au bout d'un an, ils avaient chacun reçu une facture avoisinant les 35 000 euros de leurs ténors du barreau, sommes qui furent acquittées grâce à la solidarité des leurs familles respectives.

Heureusement, ils changèrent d'avocats et les conflits s'apaisèrent suffisamment pour qu'ils acceptent au bout de trois ans d'opter pour un divorce à l'amiable. Pour cela, ils avaient réussi à se mettre d'accord sur l'appartement. Carole, toujours grâce à sa famille, put racheter à Alain ses parts. Tout semblait s'arranger lorsque leurs avocats reçurent une facture du juge concernant un expert notaire qui avait été mandaté par le juge des affaires familiales pour expertiser leurs biens en vue d'une liquidation. C'était trois ans auparavant…

Le notaire en question avait reçu le couple et les deux avocats pour une réunion et effectué un compte rendu – d'aucune utilité selon les avocats. À l'époque, Alain et Carole lui avaient chacun versé 500 euros, croyant en toute bonne foi qu'il s'agissait du règlement de ses honoraires. En lisant le document, ils s'aperçurent qu'il prenait 300 euros de l'heure et comptait les nombreuses heures de notes et de rédaction, sans mentionner le coût des photocopies. Cette facture, d'un montant total de 5 400 euros, incontestable, car il s'agissait d'un notaire expert, était à régler dans les dix jours, faute de quoi le divorce à l'amiable ne pourrait plus se faire et serait porté au contentieux…

Les chapitres suivants présentent quelques voies pour mieux articuler la double dimension psychologique et juridique du divorce.

Les pervers narcissiques

D'origine psychanalytique, ce terme est entré dans le langage courant comme d'autres étiquettes telles que « bipolaire », « schizophrène » « autiste », etc. Or cette expression est bien souvent galvaudée et employée sans qu'un véritable diagnostic ait été porté par un psychiatre. Un peu comme pour le « harcèlement moral » dans le domaine des conflits professionnels, aujourd'hui, nombreux sont en effet les hommes et les femmes qui arrivent chez un avocat pour un divorce difficile en disant : « J'ai tout compris : j'ai épousé un(e) pervers narcissique. » Ils ont écouté des émissions à ce propos, lu des magazines, voire des ouvrages de vulgarisation comme ceux de Marie-France Hirigoyen ou d'Alberto Eiguer, ils ont entendu leurs amis en parler. Cette étiquette attribuée par monts et par vaux devient ainsi une explication toute trouvée pour les difficultés de couple et particulièrement pour un divorce difficile. Le raisonnement sous-jacent est ainsi toujours plus ou moins celui-ci : « C'est de sa faute. Moi, je n'ai rien à me reprocher. J'ai juste épousé un(e) malade mental(e) ; je suis une victime. »

Comme l'écrit Gérard Haddad[6], « la psychiatrie française possède, comme les fromages du terroir, sa french touch, c'est-à-dire un certain talent pour inventer ou nommer des pathologies qui ne sont pas reconnues par la psychiatrie internationale. […] »

Précisons ce qu'est un grand pervers narcissique : pour simplifier, un grand manipulateur, de sexe masculin bien sûr, qui jette son dévolu sur une proie, le plus souvent féminine, pour l'utiliser à son profit avant de la rejeter quand elle paraît inutile. Ce peut être un patron, un amant, un « ami ». C'est un peu le conte du grand méchant loup déguisé en grand-mère mis au goût du jour.

Le succès de cette notion a été foudroyant. Les ouvrages se sont multipliés, avec mode d'emploi et tests pour reconnaître ces dangereux individus.

Comment toutes ces princesses et tous ces princes charmants tant aimés se sont-ils transformés, presque subitement, en pervers narcissiques ? Après tout, ces couples ont duré dix, quinze, vingt ans, parfois même trente. Ils ont fait des enfants, ils les ont élevés. Même si tout n'était pas parfait, les reproches restaient classiques : « Il me délaissait », « Elle était trop autoritaire », etc. Rien ne laissait prévoir la violence de la séparation et surtout qu'on invoque une telle pathologie.

En réalité, derrière ce terme, on retrouve toutes les violences conjugales, toutes les formes de manipulations, d'emprise, de cruauté. Comme le souligne Marie-France Hirigoyen : « Un processus pervers peut être utilisé ponctuellement par chacun d'entre nous. Cela ne devient destructeur que par la fréquence et la répétition dans le temps. Tout individu "normalement névrosé" présente à certains moments des comportements pervers, par exemple dans un moment de colère, mais il est aussi capable de passer à d'autres registres de comportement (hystérique, phobique, obsessionnel...) et ses mouvements pervers sont suivis d'un questionnement[7]. » Le professeur Michel Le Joyeux racontait dans un récent entretien que, lorsqu'il décrit une pathologie à ses étudiants et qu'ils pensent s'y reconnaître, il leur fait aussitôt remarquer que cela tend à prouver qu'ils sont... « normaux ». C'est devenu une idée classique dans le domaine psychologique : un comportement est pathologique lorsqu'il est rigide, figé. Cela compte plus que ses caractéristiques.

Qu'est-ce alors qu'un pervers narcissique ? Rappelons tout d'abord que le concept de perversion, au sens technique, a été développé à la fin du XIXe siècle et au début du XXe, en particulier pour désigner des formes de sexualité détournées de ce qui est sa fonction « naturelle », la procréation. On peut citer à cet égard les pittoresques études de Clérambault sur la « passion des étoffes ». Le père de la psychanalyse a repris cette idée, toujours dans le domaine sexuel.

C'est bien plus récemment qu'on a admis l'existence de perversions « morales », c'est-à-dire non sexuelles et affectant le rapport à autrui. Le psychiatre et psychanalyste Paul-Claude Racamier a en particulier introduit le terme « pervers narcissique » pour désigner « une façon organisée de se défendre de toute douleur et contradiction internes et de les expulser pour les faire couver ailleurs, tout en se survalorisant, tout cela aux dépens d'autrui et non seulement sans peine, mais avec jouissance[8] ». En somme, les pervers de ce type feraient du mal et en tireraient une jouissance. Ces travaux ont été complétés par ceux de Robert Stoller, pour qui la perversion « transforme le traumatisme infantile en triomphe adulte[9] ».

Cependant, il convient de bien distinguer la perversion de « traits » pervers, de « mouvements » pervers, de « moments » pervers, de « défenses » perverses, qui supposent tous une partie plus « abordable » de la personnalité, c'est-à-dire là encore le fait qu'elle ne se limite pas à ces aspects[10]. Et c'est précisément ce vis-à-vis de quoi il faut rester extrêmement prudent quand il s'agit de divorce.

En effet, sous l'effet de la douleur de la séparation, haïr permet de mettre à distance l'objet aimé. Haïr et attaquer évitent la souffrance, la dépression. C'est cette haine, inspirant un désir de vengeance, qui peut inciter à utiliser des jeux pervers. Et c'est ainsi que l'ex-prince charmant ou l'ex-princesse peuvent se transformer en grands manipulateurs. Ce que ne manquent pas de favoriser certains avocats surenchérissant dans la recherche de tactiques belliqueuses ou encore le manque d'écoute de la souffrance qui peut être particulièrement envahissante et destructrice dans les moments de séparation. De même, dans les couples où le lien est particulièrement fort et où la perte engendrée par la séparation paraît insurmontable, on observe des réactions de passage à l'acte agressives (crever les pneus de l'ex, défoncer une porte) ou autoagressifs (suicide). *La Guerre des Rose*, film évoqué au début de cet ouvrage, en est un écho. N'oublions pas que, derrière le combat, il y a bien souvent un grand désarroi. C'est précisément pourquoi, dans ces cas, un travail psychothérapique ou plus simplement un soutien psychologique peut être très utile pour élaborer cette souffrance.

Parallèlement au concept de pervers narcissique, celui de harcèlement moral, appliqué à la famille et au monde du travail par Marie-France Hirigoyen, a défrayé la chronique ces dernières années. Des entreprises parfois très connues ont été stigmatisées pour leurs pratiques. Dans le domaine professionnel, elle le définit comme « toute conduite abusive qui se manifeste notamment par des comportements, des paroles, des actes, des gestes, des écrits pouvant porter atteinte à la personnalité, à la dignité ou à l'intégrité physique ou psychologique d'une personne, mettant en péril l'emploi de celle-ci ou en dégradant le climat social ». De même, ajoute-t-elle, « des procédés pervers sont utilisés très habituellement lors des divorces ou des séparations. Il s'agit alors d'un procédé défensif que l'on ne peut pas d'emblée considérer comme pathologique.

C'est l'aspect répétitif et unilatéral du processus qui amène l'effet destructeur[11] ».

Prudence donc avant de traiter l'autre de Grand Satan au nom du harcèlement et de la perversion.

Pour autant, ne minimisons pas le fait que la violence psychique, même si elle se fonde sur les mécanismes que nous venons d'évoquer, peut avoir de graves conséquences. L'« effort pour rendre l'autre fou » peut conduire au suicide. On sait depuis les travaux de Gregory Bateson (1956), de Harold Searles (1959) qu'une communication pathologique peut rendre fou. Ces auteurs ont travaillé sur la psychose, sur la schizophrénie ; ils ont montré combien l'environnement affectif dans lequel on a créé des liens intenses peut induire des réactions émotionnelles puissantes. C'est pour cette raison qu'il est fondamental de prêter attention aux interactions d'un couple pour en comprendre les jeux subtils de communication.

Voici un exemple emprunté à Harold Searles : « Le passage continuel, inattendu d'un sujet de conversation à un autre, sans qu'il y ait nécessairement changement marqué dans le contenu affectif, est en lui-même un mode de participation interpersonnelle qui peut avoir un effet désintégrant sur le fonctionnement psychologique de l'autre. […] Chacune de ces techniques tend à saper la confiance de l'autre dans la fiabilité de ses propres réactions affectives et de sa propre perception de la réalité extérieure[12]. » Pour Searles, ce type de procédé peut aller jusqu'à représenter un équivalent psychologique du meurtre ; en tout cas, c'est une « tentative de destruction de l'autre, une tentative de se débarrasser de lui aussi complètement que s'il était physiquement détruit », une forme de « cruauté mentale, dont on sait qu'elle est souvent invoquée comme excuse dans les affaires de divorce[13] ».

Comment expliquer les modalités de fonctionnement des pervers narcissiques ? Si, pour Searles, « l'effort pour rendre l'autre fou peut être motivé par un désir d'extérioriser – et ainsi, d'éliminer – la folie que l'on sent menaçante en soi[14] », il semble bien qu'il faille revenir aussi à la petite enfance, aux premiers liens avec la mère.

Dès 1951, John Bowlby, dans *Soins maternels et santé mentale*, soulignait que « le nourrisson et le jeune enfant doivent expérimenter une relation chaleureuse, intime et continue avec la mère (ou un substitut maternel permanent) dans laquelle les deux trouvent satisfaction et plaisir », faute de quoi cela pourrait avoir des conséquences irréversibles sur la santé mentale de l'enfant. L'attachement joue ainsi un rôle clé dans la relation mère/enfant et dans le développement, mais des travaux récents ont montré que c'était également vrai dans le couple[15] : lorsqu'un couple se forme, chacun devient une figure d'attachement pour l'autre. Or toute forme d'attachement est liée à ceux qui se sont construits dans notre enfance avec nos parents.

Dans ce contexte, les comportements pervers sont liés au mode de communication et aux liens créés pendant la petite enfance. On retrouve ainsi fréquemment dans les divorces violents une répétition de violence familiale à l'adolescence avec des ruptures parentales, des abandons, etc. Dans ces cas, détruire l'autre, c'est le haïr en évitant de se haïr soi-même, sans aucune remise en question.

On comprend bien que la souffrance puisse mener à des comportements extrêmes, tantôt hétéro-agressifs (violence envers l'autre), tantôt auto-agressifs (suicide). Dans ce genre de scénario, il convient de proposer, même de façon directive, une aide pour permettre d'étayer cette souffrance psychique. Orienter quelqu'un chez un psy, lui conseiller comme on dit « de se faire suivre », non pas par un détective, mais par un psychiatre ou un psychologue n'est pas chose aisée, mais cela vaut la peine. À la protestation fréquente : « Mais c'est lui (elle) qui devrait consulter, pas moi ! », on répondra qu'il ne s'agit pas de folie, mais d'une souffrance extrême que l'on perçoit.

CHAPITRE 9

Comment mettre fin
à une séparation
interminable, voire impossible ?

Tout le monde connaît au moins une histoire de séparation interminable. Parfois, sa durée est même supérieure à celle de la vie de couple, alors même que les enfants sont élevés.

Une famille a ainsi marqué ma mémoire. J'ai reçu un jour un coup de téléphone d'une jeune femme me demandant de la recevoir avec son frère et sa sœur ainsi que leurs deux parents séparés depuis une quinzaine d'années. Les enfants avaient entre 28 et 35 ans. Les deux aînés étaient mariés. La plus grande difficulté a été de les réunir, car ils habitaient dans cinq villes différentes, deux en Allemagne, un au Luxembourg et deux en France. On peut comprendre ce qu'ont représenté les trois séances au cours desquelles je les ai reçus, en temps pour les organiser, en coût de transports et en disponibilité.

On peut d'ailleurs imaginer que l'organisation a autant joué positivement que le contenu des séances en ma présence. Les enfants voulaient reprendre l'historique de la séparation de leurs parents et comprendre pourquoi leurs relations restaient si conflictuelles.

L'histoire de leur séparation m'est apparue comme classique : reproches, manque de communication, personne pour les aider à améliorer leurs relations, mais pas de trahison, pas de violence. Il s'est dégagé que les conflits étaient la seule façon de garder le contact et que leur agressivité n'était que le regret d'un gâchis relationnel. Certes, chacun avait refait sa vie, mais ils s'en voulaient l'un et l'autre de ne pas avoir surmonté leurs conflits. Les enfants sont repartis apaisés dans leur ville.

D'inévitables contacts...

Après la séparation de corps, même après le divorce, lorsqu'on a des enfants à charge, les contacts sont incessants, surtout pour les problèmes matériels. En particulier, lorsque les enfants sont petits, tout est prétexte à des conflits : un pull taché, un stylo oublié, un mot dans le cahier de correspondance non transmis, un refus de décaler l'heure où on doit aller les chercher. Semaine après semaine, les parents échangent des mails, des coups de téléphone autour de l'organisation des enfants. Plus les tensions existent, moins il y a de marge de manœuvre. « C'est toujours moi qui cède ; maintenant, c'est fini », disent les pères et les mères car, tôt ou tard, on a besoin de changer une date, de décaler un week-end. Jane veut emmener ses filles au mariage de sa cousine, mais cela tombe pendant les vacances du père. Éric a obtenu des places pour un grand match de foot pour son fils passionné par ce sport, mais encore faut-il que son ex accepte d'intervertir un week-end. Les compromis ne sont pas simples. Et tout est fait inconsciemment pour maintenir un lien avec l'autre. Ces liens sont aussi mal supportés lorsqu'on a refait sa vie : « Je n'en peux plus que ton ex téléphone tous les quatre matins pour te parler » ; « C'est insupportable de voir ton ex débarquer chez nous sous prétexte que le petit a oublié telle ou telle affaire. »

Depuis que les mails servent de moyen d'échange, on voit des couples s'en envoyer dix ou vingt par jour ! On peut dire qu'ils n'arrêtent pas de penser l'un à l'autre. Tout est fait pour provoquer l'autre et attendre sa réaction. Les années passent et parfois les tensions restent aussi élevées qu'au premier jour de la séparation. Sans compter les difficultés des enfants qui amènent les parents à jouer le couple parental parfait pour aller voir un professeur ou au contraire à prendre deux rendez-vous le même jour, car pas question de se rencontrer. L'école doit d'ailleurs obligatoirement envoyer deux bulletins scolaires lorsque les parents sont divorcés.

Ce type de comportement peut durer des années car les enfants restent toujours un motif d'échange. Les anniversaires, les fêtes de Noël sont prétexte à se réunir autour d'eux.

> Julie a craqué : elle a décidé que l'ex-femme de son mari ne serait pas présente cette année à Noël. Cela fait dix ans qu'elle accepte sa présence. Maintenant, ses beaux-enfants sont grands, elle en a assez d'avoir cette femme avec eux.

En général, ces situations existent lorsque l'un des deux partenaires n'a pas refait sa vie. Ensuite viennent l'organisation du mariage des enfants, puis l'arrivée des petits-enfants. Dans ces situations aussi, il y a matière à critiquer, à dire du mal de l'autre, ce qui paradoxalement permet de garder une forme de contact. La comparaison entre les parents reste importante : « Ton père aurait pu être plus généreux pour ton mariage. Il ne prend en compte que ses invités… » ou : « Fais en sorte que ta mère soit à l'heure pour une fois et qu'elle ne boive pas trop… »

L'anecdote est douloureuse, mais l'une de mes patientes, dont le divorce parental appartenait à cette catégorie, m'a raconté que son père avait quasiment chassé l'ami de cœur de sa mère, celle-ci étant en fin de vie, afin de la veiller lui-même, trente-cinq ans après leur séparation et alors qu'ils ne se voyaient plus depuis des années.

Comment comprendre ces situations de rupture impossible ? Un amour passionnel qui s'est transformé en haine ? Un lien d'attachement très fort qui n'a jamais été dissous ni remplacé ? L'impossibilité de comprendre ce qui s'est passé poussant à en rester aux sentiments bruts ?

Les avocats vont souvent participer malgré eux à renforcer les liens en maintenant des demandes d'appel au juge dès que l'un des parents en fait la demande. Comme on l'a vu, même s'il y contribue, le divorce ne règle pas pour autant le processus de démariage.

> Je me souviens d'un patient qui avait une relation très conflictuelle avec son épouse. Les disputes étaient incessantes au sujet de l'argent, des enfants, des belles-familles. Il ne se sentait pas respecté. Sa femme le disqualifiait aux yeux des enfants. Il décida de divorcer à la grande surprise de celle-ci, qui avait le sentiment que tout allait bien.
>
> Le divorce fut compliqué mais, après deux années de négociations, il fut prononcé. À ma grande surprise, ils ne se séparèrent pas. Ils avaient mis en vente mollement leur appartement et ne trouvaient aucun acquéreur. Après le divorce, ils décidèrent de rester dans cet appartement tout en étant divorcés. Ils avaient retrouvé la liberté et de nouvelles règles de vie. N'allez pas croire qu'ils entretenaient chacun de leur côté une vie parallèle. Au contraire, ils étaient devenus deux amis qui se respectaient.

Souvent, à travers les enfants, leur éducation, l'argent qui circule, les liens se maintiennent et se réorganisent de façon harmonieuse, ce qui montre encore que divorce juridique n'égale pas séparation psychique.

> Pascal reste très proche de son ex-femme. On pourrait dire de sa « première épouse ». C'était la condition *sine qua non* pour épouser en secondes noces Judith. Il a mis plusieurs années à avouer à son ex et à ses enfants qu'il s'était remarié et leur a caché longtemps la naissance de sa fille. Il prétextait la fragilité de son ex, le risque de traumatiser ses enfants. Sous couvert de disponibilité

et de solidarité, il passait la moitié des fêtes avec son ex et partait bricoler chez elle car elle avait un hangar où il pouvait garder son matériel.

L'histoire d'Émile Zola

L'histoire d'Émile Zola est éloquente concernant les problématiques de séparation ou de double vie.

Émile Zola est tombé amoureux de Jeanne Rozerot qui était une lingère et qui travaillait pour la famille. À l'époque, le romancier était marié à Alexandrine. Il a eu deux enfants de sa liaison avec Jeanne alors qu'il n'avait pas pu en avoir avec sa femme légitime. Il ne s'est jamais décidé à quitter son épouse et il a installé sa maîtresse non loin de sa maison de Médan où il travaillait quotidiennement. Il partageait sa vie entre l'écriture le matin et les visites à Jeanne l'après-midi.

Après sa mort, Alexandrine qui n'avait donc pas eu d'enfant avec Émile, décida de faire reconnaître les deux enfants de Jeanne afin qu'ils puissent porter le nom de leur père et bénéficier de leur héritage.

Émile Zola avait essayé d'organiser sa vie bien que mal avec ses deux femmes. Il écrira : « Je ne suis pas heureux. Ce partage et cette double vie finissent par me désespérer. J'avais le rêve de rendre tout le monde heureux autour de moi, mais je vois bien que cela est impossible. »

Trouver la bonne distance

Ni trop proches ni trop agressifs : comment trouver la bonne distance émotionnelle avec son ex ? On observe ainsi des situations où les ex sont devenus les meilleurs amis du monde. Cela va jusqu'à une amitié partagée avec les nouveaux compagnons et compagnes. Ces situations paraissent en général étranges aux yeux des autres, mais elles ne sont pas loin des couples qui « échangent » définitivement leur conjoint.

Juliette et Dany retrouvaient leurs meilleurs amis Alain et Irène trois fois par an pour naviguer. Tous les quatre étaient d'origine bretonne. Une idylle se noua entre Dany et Irène, ce qui fit exploser cette belle amitié. Ils divorcèrent. Dany s'installa avec Irène… et Alain consola Juliette. Trois ans après, ils repartirent faire du bateau ensemble.

Cette situation est plus fréquente qu'on le pense ! En général, la « bonne » distance n'est pas la même pour tous.

Karine vit depuis deux ans avec Simon et leur relation progresse de façon très positive. Simon a été marié auparavant à Fanny, dont il a eu un fils et une fille, qui ont aujourd'hui 8 et 10 ans. La relation se passe très bien entre les enfants et Karine.
Néanmoins, Karine a le sentiment que l'ex de son compagnon n'a pas très bien compris les règles de la séparation, qui est certes à l'amiable mais peut-être un peu trop. Les deux parents sont convenus d'une garde alternée et pour cela se sont arrangés pour avoir deux appartements situés à cinq cents mètres l'un de l'autre. Karine est venue habiter d'un commun accord chez Simon car c'était plus simple, les enfants ayant leur chambre, mais leur mère ne cesse d'interférer dans leur vie comme si cet appartement où vivent les enfants une semaine sur deux était le sien. Il arrive que Karine rentre du travail et trouve Fanny avec Simon en train de bavarder autour d'une tasse de café pour « parler des enfants ». Certes, tout cela est fort sympathique mais se répète au moins deux fois par semaine, l'ex de Simon n'hésitant pas non plus à passer pour récupérer un vêtement ou emprunter du matériel parce que le sien est en panne. C'est Simon qui doit l'aider si sa voiture est en panne et c'est lui qui continue à faire le bricolage.

Le plus souvent, le couple reste longtemps « en mode conflictuel » : les juges se lassent de voir les couples revenir régulièrement pour des problèmes éducatifs, mais les avocats n'ont bien souvent pas d'autre solution que de répondre positivement à leur client qui souhaite faire une requête. Ces couples ne comprennent pas que, derrière ces requêtes, il y a maintien du couple envers et contre tout.

Annie n'en peut plus de cette guerre interminable qui a suivi un divorce tout aussi interminable. Aujourd'hui c'est une femme épuisée, effondrée qui se présente à moi. Mariée, mère de quatre enfants, elle avait décidé avec son mari d'arrêter de travailler à la naissance du troisième. « Vous savez, on pense que tout va durer, on ne se protège pas de l'avenir… Pourtant le diable se niche peut-être chez votre compagnon, il se niche surtout dans les détails. Et ces détails, personne ne les a anticipés, raconte-t-elle avec amertume. Vous, vous ne travaillez plus – "Chérie, reste à la maison, les enfants ont besoin de leur mère." Lui, de son côté, monte des sociétés auxquelles il vous associe (caution, prêts) ; il vous fait même la grâce de vous en confier la gérance – "Chérie, on paiera moins d'impôts et tu généreras des droits à la retraite. Top !" »

Mais Anne se lasse, s'épuise, déprime – il y a trop d'humiliations, trop de tensions aussi. Alors elle demande le divorce. C'est typiquement le genre de divorce « qui dure des années et qui vous coûte des dizaines de milliers d'euros », reprend-elle. Car il multiplie les démarches, la harcèle physiquement et quotidiennement de mails, de SMS, d'appels. « Mais quoi, c'est juste un divorce conflictuel d'après la loi ! Et quand vous avez tout partagé, les enfants et les biens, quand vous avez cédé sur tout pour en finir, il reste les sociétés qu'il n'a plus gérées depuis le début de la procédure et qui ont généré un désastre financier… »

Alors, malgré le prononcé du divorce, la fin juridique du mariage ne signe pas la fin de la guerre qui se joue entre eux deux. Son ex-compagnon, qui veut désormais sa perte, ne s'arrête pas à cette décision officielle. Encore après, il continue de vouloir la détruire. « Il s'en est donné les moyens et je n'ai pas pensé à le contrer. Deux armes lui restaient pour m'abattre : les enfants – autorité parentale partagée, mais jamais dans le sens de leur intérêt, toujours dans le sens de ce qui me blesse et donc leur nuit –, et puis l'argent… J'ai repris un travail, mal rémunéré. Malgré d'excellents diplômes, on ne peut pas prétendre à un poste comme celui qu'on occupait, car les années ont passé. Finie votre belle situation, vous vous êtes arrêtée trop longtemps… »

Aujourd'hui encore, après toutes ces années, il reste une société qui est déficitaire, invendable. Elle le sait, elle le dit : le gouffre financier a pris des proportions énormes qui peuvent la ruiner définitivement. « Avant de signer à la mairie ou de valider tout document avec votre mari, déclare-t-elle d'une voix blanche, je pense qu'il vaut vraiment mieux établir un contrat prénuptial qui empêchera, une fois l'amour transformé en haine, d'avoir des conséquences que vous paierez (financièrement, psychologique-ment, voire pénalement), vous et vos enfants, jusqu'à la fin des temps ! »

Dans les situations où la relation se maintient de façon trop proche, que ce soit dans la réalité ou de façon imaginaire, il n'est pas sûr qu'on puisse faire le deuil et retrouver un compagnon ou une compagne.

Julien a maintenant 40 ans et il a fondé une famille. Ses parents se sont séparés il y a trente-quatre ans. Et il ne comprend pas que sa mère l'appelle régulièrement par le prénom de son père. Elle n'a jamais refait sa vie, alors qu'elle avait 30 ans lorsque son mari l'a quittée.

L'attachement qui avait construit la première relation de couple fait écho à la relation infantile de l'enfant vis-à-vis de ses parents. On peut imaginer que l'un des membres du couple est resté incon-sciemment et émotionnellement attaché à l'autre qui, de son côté, demeure très sensible à cet aspect qu'il ressent de la même façon ou qui le touche. Paradoxalement, c'est aussi un reste de la relation de confiance passée qui est parfois invoqué comme explication : « Je ne sais pas pourquoi, mais si j'ai un problème, c'est vers mon ex que je me tourne. »

Un couple aura toujours besoin de temps pour se séparer définitivement et construire une nouvelle relation. Certains y arrivent avec les années ; d'autres restent figés avec le même ressentiment que lors de la rupture. Là encore, parler, discuter, élaborer permettent de sortir plus rapidement de cet état de paralysie.

CHAPITRE 10

Par qui se faire aider ?

« C'était un divorce de vieux, il avait déjà vingt-trois ans et il était leur seul enfant. Dans les divorces de jeunes, la présence des enfants dont il faut partager la garde, et qu'on aime plus ou moins malgré tout, amoindrit souvent la violence de l'affrontement ; mais, dans les divorces de vieux, où seuls demeurent les intérêts financiers et patrimoniaux, la sauvagerie du combat ne connaît plus aucune limite. Il avait pu se rendre compte alors de ce que c'est, exactement un avocat, il avait pu apprécier à sa juste mesure ce mélange de fourberie et de paresse, à quoi se résume le comportement professionnel d'un avocat, et tout particulièrement d'un avocat spécialisé dans le domaine des divorces. »

Michel Houellebecq, *La Carte et le Territoire*,
Paris, Flammarion, 2010, p. 284.

« Il venait de se *mettre en ménage* avec une femme qu'il avait rencontrée pendant qu'elle effectuait ses études d'économie et qui s'était dirigée vers l'enseignement, elle venait d'être nommée assistante à l'université de Paris-Dauphine ; mais jamais il n'envisagea de l'épouser, ni même

> de conclure un Pacs, l'empreinte laissée par
> le divorce de ses parents devait demeurer inef-
> façable. »
>
> Michel HOUELLEBECQ, *ibid.*, p. 285.

Si vous ne voulez pas risquer de tomber dans ces excès ou parce que vous en avez déjà vécu les retombées et que vous avez l'impression que vous ne vous en sortez pas seul(e), sachez qu'il est vain d'espérer de l'appareil judiciaire, de l'avocat au juge, qu'il vous apporte l'aide dont vous avez besoin. Encore une fois, ce n'est pas sa mission. Nous avons vu ce qu'il en est des juges. Quant à votre avocat, il se peut qu'il ait une grande empathie, qu'il vous consacre un peu du temps dont vous avez besoin pour exprimer vos sentiments, vos interrogations, vos angoisses, mais ce n'est pas à lui qu'il revient de vous accompagner dans les clarifications psychologiques qui s'imposent. Le lui demander avec insistance serait une erreur, conduisant à bien des malentendus qui ne pourraient que compliquer et allonger encore les choses. Et si votre avocat ne rentre pas dans ce « jeu » et se borne à son rôle strict, en changer serait illusoire : surcoût, lenteur, embrouilles seraient au rendez-vous.

Dès lors, la question qui se pose à vous est : vers qui vous tourner, en complément de la nécessaire assistance judiciaire et pour mieux en tirer parti ? De nombreuses techniques psychologiques se sont créées depuis le début du XXᵉ siècle pour venir en aide et accompagner les couples en difficulté.

• En premier lieu est apparu le *conseil conjugal*. En France, ce mouvement a été largement inspiré par les théories psychanalytiques.

• Le développement des *thérapies familiales* a donné une nouvelle impulsion aux *thérapies de couple* en utilisant les théories systémiques et les théories de la communication. D'autres modèles

ont enrichi ces pratiques, comme les théories de l'attachement, et aujourd'hui on parle plus de modèles intégratifs.
• Enfin, la *médiation familiale* s'est développée en regard de la montée des divorces.
   Reprenons l'historique de ces courants d'idées.

Le conseil conjugal

C'est en 1929 à New York que se crée grâce à Abraham et Hannah Stone le premier centre de consultation conjugale. Leur livre, A *Marriage Manual : A Practical Guidebook to Sex and Marriage*, paru en 1935, a été diffusé à travers tous les États-Unis et a été un véritable best-seller, réimprimé plus d'une vingtaine de fois. Un an plus tard, Paul Popenoe a fondé l'American Institute of Family Relations à Los Angeles pour aider les couples en difficulté.
   En France, le conseil conjugal a vu le jour après la Seconde Guerre mondiale. En 1947, Marie-Andrée Lagroua Weil-Hallé a découvert les méthodes utilisées par les médecins anglo-saxons en visitant les cliniques américaines pratiquant le *birth control*, le contrôle des naissances, et qui avaient été initiées par Margaret Sanger. Elle a communiqué ses découvertes à l'Institut de France en mars 1955. Médecin catholique, elle désirait aider et informer les couples dans les domaines de la régulation des naissances, de la stérilité, de la fécondité. En mars 1956, elle a fondé avec le docteur Pierre Simon la Maternité heureuse, afin de prévenir les drames de l'avortement en développant la connaissance de la contraception au sein du couple. Cette association est devenue en 1960 le Mouvement français de planning familial (MFPF). C'est dans cette mouvance que s'est développée la profession de conseillère conjugale et familiale.
   Dans les années 1950, on a vu apparaître dans le travail social une nouvelle méthode : le *case-work*. Cette aide psychosociale

individualisée s'appuyait sur les conceptions de Carl Rogers, qui mettait en avant le droit pour le client « *d'être considéré et traité comme une personne, son besoin d'être respecté, de ne pas être jugé et d'établir lui-même ses propres choix* ».

En 1961, l'Association française des centres de consultation conjugale (AFCCC) a développé autour du psychiatre et psychanalyste Jean Lemaire le *counselling* auprès des couples (conseil conjugal). Ce courant intégrait des concepts issus de la psychanalyse, de la psychosociologie des groupes et d'auteurs comme Jacob Levy Moreno, Carl Rogers et Kurt Lewin.

Surtout, de nouveaux praticiens ont émergé en complément des psychiatres, qui assuraient seuls avant guerre le champ des psychothérapies. Dans le domaine du conseil conjugal, il faut noter que les premières consultations ont été entreprises par des travailleurs sociaux ou même par des non-professionnels animés par des engagements sociaux et aussi religieux.

Aujourd'hui, la formation au conseil conjugal est agréée par le ministère des Affaires sociales et comprend quatre cents heures d'enseignement théorique et pratique réparties en deux années, avec un minimum de deux stages obligatoires de quarante heures. Elle est accessible aux personnes titulaires d'un diplôme d'État professionnel ou universitaire dans les domaines médical, paramédical, social, éducatif, psychologique, juridique ou d'animation.

Le conseiller conjugal propose au cours d'entretiens un travail d'ordre psychologique à des couples ou à des personnes qui rencontrent des difficultés dans leur vie commune et qui sont à la recherche d'une meilleure entente. Il peut intervenir à tous les stades des conflits conjugaux, y compris après une séparation ou un divorce. Il s'agit alors de faciliter le travail de deuil de la relation conjugale tout en favorisant de nouveaux aménagements.

Si les difficultés présentées relèvent de sa compétence, le conseiller conjugal a pour mission de proposer et de garantir un cadre favorable à leur élaboration et à leur résolution dans un climat de neutralité et de bienveillance qui ne préjuge en rien des décisions que les partenaires peuvent être amenés à prendre quant à l'avenir de leur relation. En fonction de la demande, l'intervention sera ponctuelle ou suivie : cela va du *counselling* à la thérapie de couple. Il n'est pas rare que la consultation conjugale soit le premier pas d'une démarche plus approfondie.

La thérapie familiale

Le mouvement des thérapies familiales dépasse largement le cadre des techniques de soins en santé mentale. Il est sous-tendu par une épistémologie en rupture avec les schémas conceptuels habituels, qui font du symptôme la résultante de difficultés essentiellement internes au sujet pris individuellement. L'approche familiale se situe au confluent de différents courants de pensée ou d'expériences cliniques.

Malgré plusieurs intuitions européennes, c'est aux États-Unis là encore que se sont développées les recherches majeures dans ce domaine. Les précurseurs ont fait appel pour conceptualiser leur pensée à des disciplines aussi diverses que la psychanalyse, l'anthropologie, l'éthologie, la sociologie et la biologie.

En 1938, Nathan Ackerman a publié un article intitulé « La famille, unité sociale et émotionnelle » qui est considéré comme fondateur de l'approche familiale. Et dès 1940, il a mené des entretiens familiaux d'évaluation qui lui ont permis, dans *The Psychodynamics of Family Life*, de proposer aux praticiens un guide d'évaluation du fonctionnement conjugal et familial. Il a ensuite créé en 1960 le premier centre de thérapie familiale à New York, qui porte son nom aujourd'hui, l'Institut Nathan Ackerman. Et il a fondé avec Don Jackson en 1961 la revue *Family Process*, qui fait référence dans son domaine. Si sa formation première était psychanalytique, Ackerman s'est très vite intéressé au courant systémique apparu à cette période.

C'est à Gregory Bateson que nous devons les propositions théoriques les plus élaborées en la matière. Anthropologue de formation, il s'est attaché à construire un modèle de la communication en se fondant sur les mathématiques vues par Bertrand Russel et sur la cybernétique imaginée par Norbert Wiener. Rapprochant des modèles de pensée différents, il a créé le « collège invisible » et s'est intéressé à la psychiatrie, après avoir écrit des ouvrages d'anthropologie avec sa première épouse, Margaret Mead. En 1956, il a publié avec son équipe un article fondamental, « Vers une théorie de la schizophrénie », qui a eu un retentissement considérable sur l'approche clinique des psychotiques. C'est dans la lignée de ses travaux que s'est ouvert le Mental Research Institute (MRI), où ont travaillé de nombreux chercheurs qui ont formé ce qu'on a ensuite appelé l'« école de Palo Alto ».

En Europe, où le mouvement psychanalytique est longtemps resté prépondérant, les Britanniques Ronald Laing et David Cooper, les papes de ce qu'on a appelé l'« antipsychiatrie », ont emprunté certains concepts de base à Bateson. Selon eux, la famille renforcerait l'aliénation et les enfants en seraient les victimes.

C'est avec un décalage d'une quinzaine d'années que certains pays européens, comme l'Italie, la Belgique, la Suisse puis la France, se sont ouverts à la pensée systémique et à ses applications dans le champ psychopathologique. Dans la foulée, grâce à une meilleure compréhension des mécanismes familiaux, des écoles psychothérapiques ont vu le jour. Et les consultations conjugales se sont multipliées, en évoluant selon différents modèles théoriques, avec différentes formations et intervenants, en fonction des différentes étapes des difficultés de couple. Le développement des centres médico-psychologiques a également permis la prise en charge des enfants en souffrance, mais aussi des parents. Une autre forme d'aide parentale s'est créée de fait, sous la forme de la guidance parentale.

La famille selon les théories
de la communication et l'approche systémique

– La famille est tout d'abord considérée comme un système qui évolue tout au long de son cycle de vie par crises successives qui entraînent des réaménagements obligatoires (voir chapitre 2). Un couple est considéré comme une famille sans enfants ou un sous-système de la famille.
– Un groupe familial est régi par des mythes, des croyances, des règles qui lui sont propres. Chaque personne est prise dans des liens complexes avec ses ascendants, descendants, collatéraux. Des loyautés vis-à-vis des membres de notre famille organisent nos liens : on choisit de privilégier consciemment ou inconsciemment telle ou telle relation, parfois au détriment de l'autre. Nous sommes parfois « missionnés » par nos parents pour agir à leur place.
– On ne peut pas ne pas communiquer : un silence est une communication, certes non verbale, mais qu'il faut décoder. Le langage verbal représente 10 % de la communication. Tout le reste est non verbal. Gestes, mimiques, postures, etc., en disent long sur nos émotions.

De nombreux modèles de thérapies ont vu le jour, mais tous font référence à ces points fondamentaux. Voici quelques techniques utilisées.

• *L'alliance thérapeutique* : c'est la capacité du thérapeute et de la famille à travailler ensemble. Elle implique un accord sur les modalités de fonctionnement et une confiance mutuelle, soucieuse de confidentialité et d'éthique, en respectant une neutralité vis-à-vis des différents membres ou en travaillant sur des systèmes d'alliances successives sur un mode stratégique.

• *L'affiliation* : développée par Salvador Minuchin, c'est la condition nécessaire à la création du système thérapeutique famille-thérapeute. Ce dernier doit s'imprégner de la culture familiale pour enclencher le processus thérapeutique. Il y a affiliation lorsque les constructions du monde de la famille et des thérapeutes débouchent sur l'émergence de nouvelles significations construites ensemble.

• *La connotation positive* : élaborée par Mara Selvini, elle renforce les éléments positifs pour permettre ensuite le changement.

• *Le génogramme* : il s'agit de construire un arbre généalogique complété par de nombreuses informations sur la nature des relations et différents renseignements sur l'histoire familiale. Cela permet de formuler des hypothèses sur l'évolution à la fois du problème et de son contexte et c'est un instrument d'analyse qui permet de décrypter de façon systémique les interactions familiales sur plusieurs générations.

• *La prescription de tâches* : ce sont des actions prescrites par le thérapeute, qu'on peut exécuter dans le cadre des séances ou entre elles pour prolonger le processus thérapeutique. Elles sont de différentes sortes : tâches de restructuration, contextuelles, métaphoriques, paradoxales, etc.

Ces « outils » sont utilisés par de nombreux thérapeutes dont la formation de base est celle d'être psychiatre ou psychologue. En effet, il s'agit de modèles de psychothérapie qui appartiennent à des formations complémentaires des cursus de base.

Les thérapies de couple ont trouvé leur essor progressivement après la guerre. Différentes écoles ont donné jour à des thérapies de couple :

• *Les thérapies de couple issues des modèles systémiques*, évoquées précédemment : le protocole le plus utilisé propose des entretiens où les deux partenaires seront reçus ensemble et jamais séparément. Ce qui est important, c'est d'entendre l'autre s'exprimer sur la relation pour aider à clarifier les malentendus, les griefs, les interactions complexes. Les histoires familiales sont évoquées de part et d'autre pour comprendre les loyautés familiales et la transmission.

• *Les thérapies de couple analytiques* : elles font plus appel aux associations de pensées, aux rêves qui sont interprétés par le thérapeute, tout comme la relation transférentielle.

• *Les thérapies de couple sur le modèle des thérapies cognitives* : elles utilisent les tâches et structurent les entretiens en fonction d'objectifs précis à atteindre.

• *Les thérapies proposées par des sexologues* : elles ont comme point d'appel la problématique sexuelle du couple. Souvent, le sexologue voit séparément les deux membres du couple.

• *Les thérapies fondées sur les théories de l'attachement, sur les émotions et la confiance, sur les affects du couple*, etc.

Tous ces modèles sont intéressants, mais les couples peuvent se perdre dans les méandres des différentes théories. En réalité, de nombreuses études ont montré que les thérapeutes utilisaient souvent différents modèles conceptuels pour aider leurs patients. Peu importe le modèle, il faut avant tout que le thérapeute soit empathique et qu'il ait suivi une bonne formation. Il doit aussi s'astreindre à de nombreuses heures de supervision : la formation est une condition *sine qua non*, mais elle n'est pas suffisante.

Les thérapies de couple sont en général brèves, entre cinq et vingt séances. Selon les différents modèles et les différentes pratiques, les couples sont reçus toutes les semaines, tous les quinze jours ou tous les mois.

Terminons sur un exemple.

Un exemple de thérapie
qui a permis de clarifier les rôles de chacun

Lorsque M. et Mme G. entrent dans mon bureau, une dispute à laquelle ils sont habitués commence : ils sont en retard et, comme souvent, se rejettent la faute l'un sur l'autre. De plus, M. G. ne souhaitait pas venir et il s'est senti contraint par son épouse.

Ils expliquent qu'ils n'arrêtent pas de se disputer depuis plusieurs années et qu'ils se demandent s'ils ont encore des « choses en commun » à part leurs enfants. Mariés depuis vingt-cinq ans, ils ont du mal à faire face à leurs trois adolescentes âgées de 12, 16 et 18 ans.

Mme G. travaille comme gestionnaire de fortune pour une grande banque et lui a créé une petite entreprise de conseil en immobilier après une année de chômage, année très douloureusement vécue, à la naissance de sa troisième fille. Il se sent constamment disqualifié par son épouse qui fait bloc, dit-il, avec ses filles contre lui. Mme G. l'interrompt. Pour elle, le problème est autre : son mari ne participe à aucune activité familiale et, malgré le fait qu'elle travaille à temps plein, il ne l'aide absolument pas pour les tâches domestiques. Leurs principes d'éducation aussi sont différents : Mme G. en a assez d'être autoritaire et reproche à son mari d'être trop laxiste vis-à-vis des filles.

Si le premier entretien est consacré aux plaintes de chacun, les entretiens suivants détaillent de façon plus précise les différents litiges.

Mme G. qui se dit autoritaire est finalement beaucoup plus souple qu'elle le pense, mais confond autorité et cris. Elle reconnaît crier beaucoup sur ses filles. M. G., soi-disant laxiste, est en fait parfois permissif, parfois trop autoritaire, un peu au gré du vent, en fonction de l'ambiance des filles qui jouent à former des coalitions avec tantôt le père contre la mère, tantôt la mère contre le père.

Le premier changement se verra après une séance où le thérapeute apprend que la télévision familiale du salon est en panne et que les filles passent leur temps dans le lit parental à regarder des séries avec leur mère pendant que le père reste seul dans le salon. Il se dit privé de télévision, car il n'aime pas les séries.

Les parents acceptent d'interdire l'accès de leur chambre aux filles pendant les soirées et font réparer la télévision du salon. Le père reprend progressivement sa place auprès de son épouse, les filles retournent dans leur chambre et se remettent au travail. Mme G. crie moins et l'autorité du père devient plus efficace.

Le travail transgénérationnel peut commencer. Comme souvent, les conflits existaient de façon similaire dans leurs familles d'origine. Mme G. passe son temps à dénigrer sa belle-mère. Lui réplique que sa femme est la copie de sa belle-mère et qu'elle ne laisse aucune place à son époux. Les malentendus sont clarifiés progressivement et un « minimum syndical » de lien établi avec les belles-familles. Le père n'est plus le quatrième enfant de la famille, mais a repris son rôle de père. Le couple réapprend à communiquer.

On aurait pu imaginer que, dans ce couple, les disputes récurrentes et la disqualification du père par Mme G. conduiraient au divorce. Ce couple ne partageait plus grand-chose et l'ambiance était très oppressante pour les adolescentes. M. G. avait plusieurs fois menacé de quitter la maison, car il ne trouvait ni espace de parole ni reconnaissance. Sa femme ressentait douloureusement cette situation.

Après six séances, nous décidons d'un commun accord de terminer la thérapie.

Plusieurs années après, M. et Mme G. continuent de nous envoyer en consultation des couples de leurs amis, nous montrant ainsi que le leur fonctionne bien.

L'histoire de ce couple ressemble à celle de beaucoup d'autres couples, et elle montre, si besoin en était encore, combien les entretiens avec un psychothérapeute peuvent aider à comprendre et à dépasser des conflits récurrents.

CHAPITRE 11

Côté justice,
comment faire mieux ?

En matière de divorce aussi, il arrive que certaines causes usent ceux qui les défendent, de nombreux couples changeant plusieurs fois d'avocat, ce qui oblige chaque fois à « reprendre l'affaire », de sorte que certains dossiers pourraient remplir l'étagère d'une grande bibliothèque. Et certains clients, dans des émissions consacrées au sujet, brandissent, fièrement ou douloureusement, les piles de paperasses accumulées au fil du temps.

Les chapitres précédents vous ont présenté quelques solutions pour vous préparer sous l'angle psychologique à mieux divorcer. Le moment est venu d'aborder l'autre angle du problème : juridique, cette fois. Comment pourrait-on améliorer les choses ? Telle est la question. En attendant les nécessaires progrès à faire pour mieux informer et aider les couples, je voudrais indiquer ici quelques voies alternatives pas assez connues ni assez pratiquées.

Une formation à adapter

« Nul n'est censé ignorer la loi. » Et pourtant, à notre grand regret, le droit n'est enseigné que lors des études supérieures et si on veut s'orienter dans cette voie pour devenir juriste, avocat, juge ou encore procureur. Pour le non-spécialiste qu'est le citoyen ordinaire, alors que le domaine du droit, qu'il soit pénal ou surtout civil, administratif et commercial, est crucial dans la vie de tous les jours, les notions de base restent un peu une langue étrangère et mystérieuse. Sans parler des arcanes du fonctionnement de la justice, des règles et des pratiques effectives. Il faut alors se retrouver directement au cœur d'un litige, avoir commis une infraction ou bien être victime d'un délit pour découvrir cet univers opaque.

Un effort d'information devrait donc être accompli à destination des usagers. Ne soyons pourtant pas naïfs : le manque de moyens de la justice et les priorités politiques risquent fort d'inciter à remettre ce nécessaire effort à plus tard. Peut-être est-ce donc du côté des professionnels du droit qu'une évolution devrait d'abord intervenir. Leur formation est-elle véritablement adaptée à la réalité des questions concernant le couple et la famille ? Pas sûr.

Les études de droit forment le tronc commun des différents métiers qui vont de celui d'avocat à celui de juge. Les universités proposent un cursus après le baccalauréat qui va, pour la plupart des étudiants, jusqu'à la licence, obtenue après un cycle de trois ans, et au master, deux années après. Le concours de l'École nationale de la magistrature conduit aux différents métiers de juge (pour enfants, aux affaires familiales d'application des peines, d'instruction, etc.). Il est ouvert aux étudiants ayant validé quatre années d'études supérieures (de droit ou de sciences politiques ou d'École normale supérieure).

Pour devenir avocat, après des études de droit, il faut s'inscrire dans un institut d'études judiciaires dépendant de sa faculté d'origine. On prépare alors l'examen d'entrée au Centre régional de formation professionnelle des avocats (CRFPA). Ensuite, il faut réussir le fameux concours du barreau. Très sélectif, il consiste en une épreuve de synthèse, une épreuve juridique écrite et un grand oral. On peut le présenter trois fois. En cas d'échec, on peut se tourner vers le métier de juriste. Et, après huit années d'exercice en tant que juriste, on est autorisé à devenir avocat.

La formation au CRFPA dure environ dix-huit mois : elle mêle théorie et stages. Enfin, on passe le certificat d'aptitude à la profession d'avocat, le CAPA, qui permet de prêter serment devant la cour d'appel et de s'inscrire au barreau de son choix. On peut alors devenir collaborateur dans un cabinet ou créer le sien.

Cette formation reste la même pour tous les avocats. Leur spécialisation intervient ensuite, en fonction de leurs stages, de leurs rencontres, de leurs lectures, de leurs centres d'intérêt, de leur expérience personnelle. Les spécialités juridiques se sont développées et ne comportent pas d'exclusion : on peut être spécialisé en propriété intellectuelle et s'occuper de divorce.

Elles ne sont pas codifiées comme en médecine, où un gastro-entérologue ne fera pas de neurologie, même s'il doit connaître un minimum de toutes les spécialités. C'est ainsi que, lorsque je me suis installée comme psychiatre, j'ai signé un document par lequel je renonçais à exercer la médecine générale. Les spécialités des avocats, en revanche, ne sont pas organisées de la même façon.

Le passage d'un métier juridique à un autre est possible selon certaines règles précises : on peut être avocat et postuler à un emploi de juriste, mais si un juriste veut devenir avocat, il doit passer le concours du barreau ou, comme nous l'avons vu, justifier de huit années d'expérience en tant que juriste.

Dans ce contexte, bien souvent les avocats du droit de la famille travaillent en se formant sur le tas, sans supervision, sans aide psychologique, sans filet de sécurité. On peut donc comprendre que des hiatus puissent apparaître entre leur perception et la subtilité des interactions au sein des couples. Le droit ne rime pas toujours avec la psychologie et le bon sens. On l'a dit : un(e) client(e) qui arrive bouleversé(e) par sa décision de se séparer ou par celle de l'autre n'a qu'une envie : s'épancher, être écouté(e), être rassuré(e). Le besoin de raconter sa vie, ses épreuves, etc., demande du temps. Il n'est pas facile pour un avocat de faire le tri dans tout ce qui est dit. Et aussi de terminer ce premier contact, si important. Nombreux sont d'ailleurs les clients qui procèdent à une sorte de « casting » d'avocats conseillés en général par des amis.

À notre connaissance, aucun module de psychologie n'est proposé à ce jour dans le cadre de la formation de base de tout le personnel juridique, quelque métier qu'il exerce ensuite. Si un effort d'information doit être accompli en direction des usagers, une adaptation de la formation devrait intervenir pour les avocats comme pour les juges, car elle n'intervient que dans un deuxième temps et encore de manière grandement insuffisante et souvent optionnelle. Comme ils ont à traiter d'affaires intimes, on pourrait avoir l'impression que tout est simple : après tout, n'importe qui est réputé savoir ce qu'est un couple. Et tout le monde a vécu ou observé des séparations. Pourquoi faudrait-il une formation spécifique, peut-on penser ? C'est tout même moins technique que la fraude fiscale ou le blanchiment d'argent ! On comprend que les magistrats aux affaires familiales s'estiment souvent moins reconnus que leurs collègues exerçant des fonctions plus « prestigieuses », parce que plus « complexes » en apparence… De même pour les avocats : « faire des divorces » peut rapporter, certes, mais c'est tout de même moins « glamour » que de défendre un meurtrier en série ou même un homme politique emporté par une affaire de mœurs !

Pour les juges comme pour les avocats, l'idée traditionnelle implicite veut qu'il suffise en quelque sorte de s'en remettre à son bon sens ainsi qu'à son expérience et d'appliquer la loi ou de s'appuyer sur elle. Et tout se passera bien… Mais non, nous l'avons vu.

Ayant rencontré de nombreux avocats tout au long de ce travail et aussi depuis que je reçois des couples, j'ai été frappée par cette réponse qu'ils donnent souvent : « Je fais *aussi* du divorce », signifiant qu'ils travaillaient plutôt dans d'autres domaines (droit social, contentieux, droit des affaires, propriété intellectuelle, etc.). Bien sûr, quelques cabinets et quelques avocats sont spécialisés dans le droit de la famille, mais beaucoup ne le sont pas.

Les arguments invoqués par ces avocats généralistes sont variables : c'est trop épuisant de « ne faire que du divorce » ; les clients sont pénibles ; c'est répétitif ; certains avocats n'ont pas la clientèle « locale » pour se spécialiser et doivent pouvoir tout traiter ; cela ne rapporte pas beaucoup d'argent. On peut se demander si officialiser des spécialités limitant le domaine d'activité de l'avocat comme en médecine ne permettrait pas d'envisager une meilleure formation.

Ayant choisi la psychiatre, option psychiatrie de l'enfant et de l'adolescent, j'ai été formée à la psychiatre générale, puis à un diplôme complémentaire pour recevoir enfants et adolescents. Ensuite, j'ai suivi durant quatre années une formation de thérapeute de couple et de famille, même si elle n'était pas reconnue par un diplôme universitaire à l'époque. Puis, j'ai été en supervision pendant trois années, c'est-à-dire que je présentais régulièrement des cas difficiles à un praticien senior.

Cela ne garantit en aucun cas qu'on est un bon praticien, mais cela constitue une base indispensable. Le champ du droit de la famille ne constitue-t-il pas un domaine assez vaste pour en faire une spécialité ? Il comprend pourtant les divorces, les successions, les filiations, etc.

C'est à la fin des années 1970 que je me suis formée à la thérapie familiale, avec Seigi Hirsch notamment. Parallèlement, au Centre de formation de l'éducation surveillée, il avait mis en place un module appelé « Groupe émotionnel didactique » qui concernait les éducateurs et les psychologues travaillant en internat et en milieu ouvert. Les juges des enfants s'y sont intéressés. Et un processus de formation s'est engagé à leur niveau à partir de 1976, qui s'est poursuivi dans le cadre de la formation continue à l'École nationale de la magistrature et s'est petit à petit étendu à tous les magistrats souhaitant s'y inscrire et pas seulement aux juges des enfants. Aujourd'hui, cette formation a cessé d'exister dans sa version initiale. Un module de diplôme universitaire sur l'« adolescent difficile » est proposé en formation continue. On aimerait qu'il ne soit pas le seul.

Heureusement, à côté du processus classique, d'autres voies commencent à se développer qui sont particulièrement fécondes, même si elles restent encore très mal connues du grand public.

La médiation familiale :
une voie alternative

Il semblerait que la médiation ait des racines anciennes. On rapporte ainsi que les Quakers l'utilisaient pour régler leurs conflits. Du reste, les autorités religieuses ont souvent servi de conseil. Dans la religion juive, le rabbin écoute et conseille régulièrement les familles, comme le raconte le prix Nobel de littérature Isaac Bashevis Singer, dans *Au tribunal de mon père*. Dans la religion catholique, on accompagne les couples avant le mariage et de nombreuses aides de groupe sont proposées après – souvent, ce sont des couples bénévoles très impliqués dans la communauté qui organisent ces sessions de réflexion.

Aux États-Unis, la mise en place de la médiation familiale date de la Los Angeles Conciliation Court, en 1939. Le terme utilisé était la conciliation et était réservé aux couples avec enfants. Cependant, le premier centre de médiation familiale du secteur privé a été fondé en 1974 à Atlanta, en Géorgie, par l'avocat et conseiller familial et matrimonial O. J. Coogler. L'État de Californie a adopté en 1980 une loi obligeant les parents à rencontrer un médiateur familial avant d'être entendus par le tribunal sur un conflit portant sur la garde des enfants ou le droit de visite.

Un projet pilote en médiation familiale a aussi vu le jour au Québec et, le 1er avril 1984, le service de médiation à la famille a été créé ; en 1997, la loi québécoise a intégré le processus de médiation dans la procédure en matière familiale. Au Québec, cette pratique a été introduite par John Haynes qui a formé les premiers médiateurs vers les années 1980. C'est la loi du 4 mars 2002 qui a réformé l'autorité parentale et qui a introduit la médiation familiale dans le Code civil (article 373-2-10).

De quoi s'agit-il ? D'une forme d'accompagnement des couples par des professionnels formés à différents courants de la psychologie, notamment analytique et systémique ou se référant aux théories de la communication évoquées au chapitre précédent. Elle concerne différents champs (conflits intrafamiliaux, ruptures parents/enfants ou parents/grands-parents, successions difficiles, etc.), mais c'est dans le cadre des divorces qu'elle s'est surtout développée.

Selon le Conseil national consultatif de la médiation familiale (2002), c'est « un processus de construction ou de reconstruction du lien familial axé sur l'autonomie et la responsabilité des personnes concernées par des situations de rupture ou de séparation dans lequel un tiers impartial, indépendant, qualifié et sans pouvoir de décision – le médiateur familial – favorise, à travers l'organisation d'entretiens confidentiels, leur communication, la gestion de leur conflit dans le domaine familial entendu dans sa diversité et dans son évolution ».

La médiation aborde tous les enjeux de la désunion. Elle intervient dans tous les domaines qui touchent le couple, à savoir les relations affectives, les problèmes économiques et patrimoniaux liés à la séparation. Son but est de permettre aux membres de la famille de trouver eux-mêmes un accord durable et mutuellement acceptable tenant compte des besoins de chacun et particulièrement de ceux des enfants, dans un esprit de coresponsabilité parentale.

Le médiateur doit savoir créer un contexte favorable à la communication et savoir gérer les interactions du couple ; il doit faire attention à ses propres réactions émotionnelles et garder une neutralité vis-à-vis des membres de la famille.

La médiation aide au processus de séparation qui comporte plusieurs étapes. « Alors que le système judiciaire traditionnel intervient surtout sur les dimensions juridiques et économiques, et qu'il dispose de peu de moyens pour considérer les aspects psychologiques, la médiation familiale interdisciplinaire tient compte de toutes les dimensions », expliquent Annie Babu et Pierrette Bonnoure-Aufière[1].

Comme nous l'avons vu tout au long de ce livre, le divorce influe sur une multitude de plans. Il y a tout d'abord l'émotionnel : des émotions intenses accompagnent le processus de deuil ; puis le conjugal : la relation entre les conjoints se défait et se redéfinit ; le parental : les conjoints demeurent parents et doivent redéfinir leur façon d'agir ; le social : les liens avec les familles d'origine, les amis, les voisins se modifient ; l'économique : une réorganisation financière intervient à court, moyen et long terme ; le patrimonial : une répartition des biens doit se faire de manière équitable et enfin le juridique, quand les conjoints mettent fin à leur couple aux yeux de la loi.

Les principes d'une négociation raisonnée[2]

1. Traiter distinctement les questions de personnes et le différend.
2. Se concentrer sur les intérêts en jeu et non sur les positions.
3. Élaborer une gamme d'options, trouver plusieurs solutions.
4. Quand les différences subsistent, exiger l'utilisation de critères objectifs.

Ce qu'ont bien compris les spécialistes de la médiation familiale, c'est que l'aspect juridique, l'officialisation en quelque sorte, doit intervenir *à la fin* du processus de séparation, alors que, dans la plupart des cas, la pratique usuelle du divorce conduit *tout d'abord* au juridique. Ce qui donne lieu aux difficultés que nous avons mentionnées. Voilà le point essentiel à retenir.

Au cours des différentes étapes des entretiens de médiation, on tente donc dans un premier temps de créer un bon climat de travail et de comprendre le contexte de la demande. Ensuite, les négociations sont menées progressivement en fonction des priorités des couples (organiser la garde des enfants, le partage des biens, etc.). Un contrat de médiation familiale peut être proposé au couple, tout comme d'autres documents (par exemple des formulaires d'inventaire, de budget pour préparer le partage des biens et les pensions

alimentaires). On peut également proposer un modèle de contrat
« accord essai de séparation » afin de préparer les étapes de la séparation.

Les situations sont évidemment très différentes les unes des autres.
Elles dépendent aussi du niveau d'acceptation de la séparation, qui
n'est pas toujours le même chez les conjoints. Il est en effet fréquent
que l'un des deux conjoints refuse la séparation et ne veuille pas
participer à la médiation. Si l'ambivalence du couple est forte, il
peut être utile de l'orienter vers un travail de thérapie de couple.

> Mme Dupont, après l'ordonnance de non-conciliation et des demandes
> très conflictuelles proposées par les deux avocats, passe en audience et le
> juge propose une médiation familiale. M. Dupont refuse, mais elle est
> tout à fait partante pour ce type de proposition. Elle prend rendez-vous
> et le centre planifie un premier entretien deux mois après l'audience. Il
> a lieu l'après-midi à Noisy-le-Grand, alors que Mme Dupont habite à
> vingt kilomètres de là et travaille de l'autre côté de Paris, à Colombes.
> Elle doit donc prendre, chaque fois, une demi-journée de congés ou
> de RTT pour se rendre à la consultation. Néanmoins, elle voit une
> femme qui la reçoit longuement, l'écoute et demande bien entendu à
> voir son mari. Celui-ci refuse. Mme Dupont se pose alors la question :
> « Dois-je insister alors que c'est déjà très compliqué pour moi et que
> je ne suis pas sûre que cela puisse aboutir ? »

Si la médiation se met en place, une grande partie des entretiens
se tourne vers la réaction des enfants et l'aide psychologique à leur
apporter, car ils ressentent de nombreuses émotions et n'ont pas
toujours les mots pour les exprimer. Des points importants sont à
noter aussi : la confidentialité est totale. Aucun rapport n'est remis
au juge par le médiateur.

La médiation familiale a aidé au désengorgement des tribunaux
et au règlement extrajudiciaire des séparations. Si, depuis 1997, le
gouvernement du Québec finance six séances de médiation aux
couples avec enfants qui se séparent – lesquels sont d'ailleurs obli-
gés de suivre une séance d'information sur la « parentalité après la

rupture » –, chez nous, la disparité des pratiques est grande. Elle est liée aux spécificités des territoires, à l'information et au développement de la médiation familiale. Elle dépend évidemment du financement public des régions.

Les préconisations de l'Association pour la médiation familiale (2013)[3]

« La démarche d'information est une étape essentielle qui va inaugurer la nature de la relation avec le médiateur familial, propre à la médiation familiale. Elle permet aux personnes de prendre, de manière éclairée, leur décision de s'engager ou de refuser la médiation familiale, quelles que soient leurs raisons : besoin de temps, crainte ou impossibilité de la rencontre avec l'autre, volonté que la décision vienne du juge...
L'information repose sur le principe déontologique de la libre adhésion des personnes. Elle est mise en œuvre quel que soit le contexte de la médiation familiale, conventionnelle ou judiciaire. »

1. Sur l'objet de l'entretien préalable avant audience, l'APMF préconise de :
• Inciter les personnes à aller rencontrer un médiateur familial dans le cadre de l'information préalable à l'audience (courriers incitatifs).
• Donner des informations complètes sur les principes, l'intérêt de la démarche et sa singularité.
• Décliner le cadre, le déroulement et les principes éthiques et déontologiques : engagement, volontariat, confidentialité.
• Offrir les conditions d'accueil, de découverte, d'expérimentation ; mettre en place une rencontre et un échange, rendre actrices les personnes reçues.
• Distinguer et clarifier la distinction entre le processus de médiation familiale et la procédure judiciaire.
• Recevoir les deux personnes en conflit, ensemble ou individuellement, afin de leur proposer une rencontre.

2. Sur le temps de l'information, l'APMF préconise de :
• Pouvoir prendre le temps nécessaire pour donner les informations complètes sur les principes, l'intérêt de la démarche et sa singularité.

- Rendre cohérentes les temporalités de la procédure judiciaire et du processus de médiation familiale ; notamment permettre au médiateur familial d'être dégagé de pressions extérieures.
- Permettre aux personnes de choisir librement de s'engager ou non dans la démarche de médiation familiale.
- Prévoir le financement nécessaire à cette action.

3. Sur l'articulation de l'information avec la procédure judiciaire, l'APMF préconise de :

- Être titulaire du DEMF (diplôme d'État de médiateur familial) pour délivrer l'information, ce qui permet de :
- Respecter le cadre de la médiation familiale et la posture du médiateur familial.
- Garantir l'indépendance du médiateur familial : le médiateur familial n'est pas un auxiliaire de justice.
- Vérifier la liberté d'adhésion des personnes.
- Assurer la confidentialité des échanges avec les personnes.
- Laisser le libre choix du médiateur familial, quel que soit le type de l'entretien d'information.
- Penser la coopération entre les professionnels afin de préserver la spécificité de chaque espace : organisation de rencontres et de réflexions régulières sur les pratiques des différents professionnels : médiateurs familiaux, juge aux affaires familiales, avocats, greffiers.
- Rendre possible la présence des avocats à l'entretien d'information dans la mesure où chacune des personnes a son conseil (respect de l'équilibre entre les personnes).

4. Sur le lieu de l'entretien, l'APMF préconise de :

- Avoir un « lieu dédié », quelle que soit la structure où se déroule l'entretien d'information, lieu permettant la confidentialité, la neutralité et l'accessibilité à toutes les personnes.
- Coconstruire la reconnaissance de ce lieu avec les différents partenaires (personnel d'accueil, juges, barreau...).
- La médiation familiale peut être proposée par un juge, mais aussi sur les conseils d'un avocat, d'un psychologue.

Qui sont les médiateurs
et quelle est leur formation ?

Ce sont d'abord des psychologues, puis des avocats qui se sont formés à la médiation familiale. Ce sont des professionnels titulaires d'un diplôme des champs psychosociaux, juridiques, de l'éducation, de la santé qui justifient d'une expérience de plus de trois ans dans le champ familial ou des professionnels (bac + 2) dotés d'une expérience de cinq ans dans le champ de la famille.

La formation a été codifiée en 1987 et prévoit un enseignement théorique de deux cent dix heures, un stage pratique d'au moins quarante heures et la présentation d'un mémoire. Un diplôme d'État de médiateur familial est alors délivré, le CAFMFA.

En fait, de nombreux tribunaux proposent la médiation familiale au début de toute procédure, mais ils le font de telle façon que les gens, ne sachant pas en quoi elle consiste, hésitent. Souvent, par lettre du TGI, on informe le couple qu'il peut se rendre au tribunal où une liste de centres habilités leur sera fournie. Mais qui irait faire une telle démarche sans en connaître l'utilité ? Voici le modèle d'une proposition de médiation familiale. On conviendra que le texte ci-dessous n'est pas très engageant ni explicatif, sans parler des horaires proposés qui sont ceux où l'on travaille !

Cour d'appel de...
Tribunal de grande instance de...

Madame, Monsieur,
Vous êtes convoqué à une prochaine audience devant le Juge aux affaires familiales.
Le Tribunal de grande instance de... a mis en place une permanence d'information sur la médiation familiale.
Je vous invite en conséquence, avant la date de l'audience, à vous présenter à cette permanence ou à prendre rendez-vous dès que possible :

Permanence de médiation familiale
1ᵉʳ étage – face à l'ascenseur
Palais de justice
XXXX
Téléphone : XX XX XX XX XX
Adresse électronique : XXXX@XXXXX
Permanences assurées (hors vacances scolaires) :
Du mardi au jeudi de 10 heures à 16 heures
Le vendredi de 10 heures à 13 heures

Les coordonnées des services de médiation familiale présents sur le département et plus proches de votre lieu de résidence pourront vous être proposées. Le médiateur vous informera sur l'objet, le déroulement et le coût d'une telle mesure.

Votre présence à cet entretien est importante, étant rappelé que les enfants ne sont pas reçus dans ce cadre.

Une lettre expliquant ce qu'est la médiation familiale, indiquant quel est son coût et précisant les adresses serait évidemment plus appropriée…

Le droit collaboratif : une solution novatrice

Ce nouveau modèle est né aux États-Unis dans les années 1990 et s'est répandu très vite dans tous les pays anglo-saxons. Depuis 2007, il se développe en France, où il est pratiqué aujourd'hui par 2 000 avocats environ.

Le droit collaboratif concerne les avocats qui interviennent dans le divorce, mais également dans d'autres contentieux. Il s'agit d'une autre forme d'appréhension des litiges qui permet avant tout de mettre en place une négociation entre les deux parties concernées grâce à l'aide d'avocats formés au processus de droit collaboratif et qui s'interdisent de saisir le juge tant qu'un accord global et acceptable pour l'une et l'autre des parties n'est pas trouvé. Elle émane d'avocats insatisfaits de la manière habituelle dont on gérait les divorces.

Les quatre principes du droit collaboratif

1. Travailler en équipe.
2. Les parties et les avocats s'engagent contractuellement à trouver une solution concertée qui convienne à tout le monde et renoncent à porter le litige devant les tribunaux.
3. Les informations confidentielles sont échangées en transparence.
4. En cas d'échec du processus, il y a retrait des avocats.

À la fin de cette négociation entre les avocats et leurs clients, ils rédigent ensemble une convention qui est présentée au juge pour homologation. Il est nécessaire d'obtenir l'aval du juge pour acter le divorce, mais celui-ci n'intervient pas pour trancher un litige : les parties se sont mises d'accord pour une proposition qui est seulement à valider par lui.

Habituellement, les rendez-vous s'organisent à quatre (les deux clients et leurs deux avocats) ; mais, il peut être utile parfois de faire appel à d'autres personnes compétentes dans le divorce, c'est-à-dire des experts-comptables, des experts financiers, des notaires, des psychologues, des médiateurs, etc.

Aujourd'hui, l'Association française des praticiens du droit collaboratif (AFPDC) regroupe des avocats formés et permet aussi d'en former[4]. Ceux qui travaillent ainsi sont très satisfaits de cette façon de procéder et ont le sentiment qu'ils ont réussi dans la plupart des cas à résoudre les conflits avec un taux très faible de contentieux postdivorce. Cette approche du règlement des différends clarifie bien des choses et permet des échanges fructueux, selon une convention reconnue par tous.

Les six étapes principales, selon le modèle canadien[5]

1. *La première consultation entre l'avocat et le client.* L'avocat prend note des faits et des problèmes que lui soumet le client. Il lui présente ensuite le droit familial collaboratif, la médiation et le litige. Si le client choisit le droit collaboratif, le client peut soumettre lui-même cette approche à l'autre conjoint ou encore l'avocat collaboratif peut envoyer une lettre à l'autre conjoint l'invitant à considérer ce processus.

2. *Le premier contact avec l'autre partie.* Une fois que les deux conjoints ont convenu de procéder par le processus de droit collaboratif et qu'ils ont chacun leur avocat collaboratif, un premier contact s'établit entre les deux avocats. Ils déterminent les points urgents et majeurs et les préoccupations de leurs clients respectifs qui seront à l'ordre du jour pour discussions et négociations à la première rencontre de règlement.

3. *La préparation du client.* L'avocat rencontre son client pour connaître à fond les faits et les conflits de façon à cerner ce qu'il veut vraiment. L'avocat explique à son client quels sont ses droits et ses obligations. Il lui explique également le déroulement d'une rencontre de règlement et le rôle de chaque participant. Il parle des outils de communication à utiliser pour avoir des discussions et des négociations positives et constructives basées sur les intérêts respectifs des conjoints.

4. *La première rencontre de règlement.* Après les présentations d'usage, une entente de participation en droit familial collaboratif est lue. Les avocats répondent aux questions que les clients pourraient avoir sur cette entente. Lorsque tous sont d'accord sur cette entente et qu'ils s'engagent à la respecter, elle est signée par les quatre participants (conjoints et avocats).

   Par la suite, on identifie les problèmes à négocier en donnant priorité à ceux qui sont considérés les plus urgents à résoudre. La négociation commence.

On termine cette étape en déterminant quels seront les informations et les documents à échanger pour la prochaine rencontre de règlement, ainsi que les tâches qui devront être faites pour cette prochaine rencontre. Un échéancier des prochaines rencontres de règlement est établi. Au terme de cette première rencontre, l'avocat et son client font le point (débriefing) et les avocats font un suivi. Lors des rencontres, un compte rendu est rédigé par l'un des avocats et soumis aux trois autres participants pour approbation.

5. *Les rencontres de règlement subséquentes.* La négociation se continue d'une rencontre à l'autre en identifiant les points en litige et en travaillant en étroite collaboration dans la recherche de solutions pour arriver à une entente.

6. *Le règlement et la clôture.* Les avocats rédigent une convention de règlement dans un langage clair et compréhensible pour les conjoints. Autant que possible cette convention est révisée et signée en présence des quatre participants pour ainsi clôturer le processus. Ensuite, les conjoints pourront faire homologuer cette entente par le tribunal en produisant à la cour les procédures appropriées.

Le droit collaboratif est donc un processus qui permet aux conjoints de continuer à se parler et à négocier en présence l'un de l'autre, ainsi que de leurs avocats. Ils peuvent ainsi bénéficier des conseils de ces derniers au fur et à mesure du déroulement du processus. Les ponts ne sont pas coupés. Ce processus aide et encourage à maintenir les communications entre les conjoints, à progresser dans la recherche de solutions. Les négociations interviennent sur la base des intérêts des membres de la famille en instance de séparation, les parents pouvant exprimer leurs besoins et leurs désirs, ainsi que ceux de leurs enfants.

Les neuf étapes, en France[6]

1. *La première réunion individuelle avec le client* : information et évaluation. Elle permet l'établissement des bases de la relation

avec le client et le « dépistage », l'information sur le processus, la participation de l'autre partie.

2. *La prise de contact avec l'avocat de l'autre partie* : de façon informelle, il s'agit de mettre en place un calendrier et d'aborder de premières discussions.

3. *La réunion individuelle de préparation avec le client en vue de la rencontre de règlement* : aide du client à la compréhension et mise en œuvre des principes guidant le processus de droit collaboratif ; évaluation du niveau actuel de conflit ; point avec le client sur les informations à échanger avec l'autre partie.

4. *L'avocat contacte éventuellement son confrère pour faire un retour sur leur première discussion avec son client.* C'est l'occasion de trancher les questions d'organisation en suspens.

5. *Rencontre à quatre* ou première rencontre de « règlement » : accueil et présentation des participants ; présentation détaillée du processus de droit collaboratif ; signature de la charte collaborative ; identification des questions et ordre de priorité ; fixation de l'ordre du jour suivant.

6. *La réunion individuelle de « débriefing » avocat-client.*

7. *Le « débriefing » entre avocats.*

8. *Les rencontres de règlement intermédiaires et subséquentes* : progression vers le règlement global ; processus observé ; déroulement des rencontres de règlement ; récapitulatifs et mise en lumière des points de succès.

9. *Le règlement du différend et la fin du processus* : rédaction d'un document par les avocats ayant pour objet l'accord global des parties ; homologation.

À tous ces stades, le principe est qu'une discussion préliminaire et approfondie des objectifs d'abord individuels, puis communs, constitue toujours une étape essentielle avant que puissent être envisagées diverses options puis solutions.

Travailler à quatre mains selon ces méthodes peut être extrêmement intéressant, mais cela comporte évidemment des limites. Tout d'abord, le couple doit prendre sur lui pour arriver à clarifier ses demandes et gérer ses affects, ses émotions. Il faut donc un véritable esprit de collaboration, sinon les réunions peuvent se transformer en terrain d'affrontement, compromettant l'ensemble du processus.

Dans cette perspective, les avocats doivent être particulièrement formés aux interactions des couples afin de pouvoir calmer le jeu et les mouvements passionnels qui ne manquent pas de se manifester. Il leur faut également savoir travailler avec leurs confrères et gérer les réactions de ceux-ci. À l'évidence, la formule ne peut convenir à ceux qui ne voient les relations entre confrères que comme un pugilat ! Enfin, certains divorces particulièrement difficiles ne peuvent pas bénéficier de cette approche. Il faut alors admettre ses limites et envisager d'autres voies.

Vers une déjudiciarisation ?

En 2013, la ministre de la Justice Christine Taubira a demandé la création d'un groupe de travail pour plancher sur le divorce. À la suite du rapport qui a été élaboré, elle a proposé un « divorce sans juge ». En particulier était envisagée la création d'un nouveau statut, celui de greffier juridictionnel, afin de décharger les magistrats de certaines tâches et de désengorger les tribunaux, les affaires familiales représentant 80 % de leur activité. L'idée était de donner au greffier juridictionnel une compétence pour prononcer les divorces par consentement mutuel : il homologue- rait (ou non) la convention de divorce établie par les avocats des futurs ex-époux.

Cette déjudiciarisation du divorce par consentement mutuel avait déjà été proposée... et rejetée à plusieurs reprises. Encore une fois, elle a suscité des réactions très vives. Seul le syndicat des greffiers de France a admis qu'elle allait dans le sens de l'évolution de la société. Le barreau de Paris, lui, a répondu que ce serait « une démission de l'État dans la protection de ce qui demeure le plus important des liens de droit ».

Des propositions de déjudiciarisation au profit des notaires ou des officiers d'état civil ont également été émises, toujours dans le but de désengorger les tribunaux. Cela a soulevé de vives oppositions de la part des avocats : certains s'insurgent au motif que les notaires ne sont pas compétents pour évaluer les pensions alimentaires, pour savoir si une prestation compensatoire est équitable ou non, par exemple. Pour le barreau de Paris, « seul l'imperium du juge, avec la participation des avocats, doit permettre de dénouer le lien solennel que l'officier d'état civil a établi en mairie ».

Qu'en est-il ailleurs en Europe[7] ?

Il est parfois envisagé de diminuer la durée de séparation nécessaire pour demander le divorce. Par exemple, au Danemark, le délai de séparation est passé de douze à six mois en cas de demande conjointe. De même, en Angleterre et au pays de Galles, elle a été réduite de cinq à deux ans en cas d'accord des époux.

Il est possible également de simplifier la procédure. En Belgique, la réforme n'exige plus que deux comparutions des époux espacées de trois mois, au lieu de trois espacées de six mois. En Norvège et en Suède, la procédure étant écrite et sommaire, elle est nécessairement plus rapide. En Italie, la phase de conciliation est abrégée lorsqu'il y a divorce par consentement mutuel.

Au total, la durée des divorces a fortement diminué dans les pays européens après les réformes de simplification des procédures. Elle n'est plus par exemple que de quelques mois au Danemark et en Norvège. De même, en Angleterre et au pays de Galles, la procédure spéciale appliquée depuis 1977 à tous les divorces non contestés permet aux couples de divorcer en quatre à six mois.

À l'inverse de cette tendance, certains pays ont souhaité lutter contre une trop grande célérité des procédures qui nuirait à toute tentative de restauration du mariage. C'est ainsi que la réforme britannique de 1996, qui n'est pas encore entrée en vigueur, instaure un délai de « réflexion et de considération » : une période de neuf ou quinze mois selon les cas devra nécessairement s'écouler entre le dépôt de la demande et la suite de la procédure.

En cas de procédure simplifiée, la plupart du temps, le contrôle du juge devient purement formel. L'étendue même de sa compétence se restreint.

En Belgique, le procureur du Roi doit donner au juge un avis sur le respect des conditions légales de forme et d'admissibilité de la requête, qui est un simple contrôle de légalité.

En Angleterre et au pays de Galles, sous l'empire de la législation actuellement en vigueur, le contrôle du juge est pratiquement inexistant puisqu'il n'examine pas le fond de l'affaire. En Norvège, le gouverneur du comté, compétent à la place du juge pour les divorces non contestés, ne fait que vérifier le respect des conditions de délai de séparation. Il arrive même que des pans entiers du contentieux du divorce ne relèvent plus de la compétence judiciaire. Le règlement de certains effets accessoires du divorce peut par exemple être confié à une autorité administrative. C'est notamment le cas en Angleterre et au pays de Galles, où le montant de la pension alimentaire due aux enfants est fixé par une agence administrative, la Child Support Agency.

De même, au Danemark, la détermination des droits de visite relève dans tous les cas de la compétence de l'administration.

Dans ces pays, les époux ont une autonomie de plus en plus grande pour trouver des arrangements sur les conséquences du divorce. Parallèlement, le recours à des organismes de médiation est encouragé. Le législateur cherche en effet à aboutir à une plus grande contractualisation des questions conjugales. Il appartient aux époux de trouver eux-mêmes des accords satisfaisants concernant la pension alimentaire et la garde des enfants.

Le couple peut être aidé dans sa recherche d'un accord par des organismes de médiation. Le recours à de telles structures est fortement encouragé. En Angleterre et au pays de Galles, les époux sont informés lors de l'entretien préliminaire des possibilités de recourir à la médiation ou aux services de conseil conjugal. Les avocats sont destinés à devenir le dernier recours. En Suède, les municipalités doivent tenir à la disposition de tous les couples un service de médiation gratuit, qui joue un rôle important dans la recherche d'un accord sur les problèmes de garde et de droits de visite. En Norvège, la médiation est obligatoire lorsqu'il y a des enfants de moins de 16 ans.

La protection de l'intérêt des enfants constitue toutefois une limite importante à la déjudiciarisation du divorce. La présence d'enfants mineurs impose ainsi aux parents le respect de règles supplémentaires. En Angleterre et au pays de Galles, tout comme en Suède, le délai de réflexion imposé aux parents est allongé lors-qu'il y a des enfants de moins de 16 ans. Enfin, en Belgique, la réforme de 1994 a introduit la possibilité pour un parent de deman-der au juge de modifier la convention après le divorce si l'intérêt des enfants se trouve gravement menacé à la suite de « circonstances imprévisibles ».

Que devient le rôle du juge dans ce contexte ? Il a pour mission principale de contrôler les accords passés entre les conjoints. La protection de l'intérêt de l'enfant a incité le législateur à renforcer le pouvoir donné au juge pour contrôler le contenu des accords passés entre les époux. En Belgique, depuis 1994, un contrôle judi-ciaire d'opportunité a été introduit pour la défense de l'intérêt des enfants mineurs. Il se manifeste de deux façons : le procureur est invité à donner un avis sur le contenu des conventions relatives aux enfants mineurs ; si le juge considère certaines dispositions de ces conventions comme « manifestement contraires aux intérêts des enfants mineurs », il peut les faire supprimer ou modifier. Au Danemark, lorsque le divorce n'est pas contesté, l'administration, qui est compétente à la place du juge, peut refuser de prononcer le divorce par décret si l'arrangement trouvé est contraire à l'intérêt des enfants. En Italie, le divorce n'est accordé que si les arrangements des époux sont satisfaisants pour l'intérêt des enfants. Enfin, en

Suède, le juge n'exerce un contrôle sur les accords des époux que pour vérifier que l'intérêt des enfants a bien été pris en compte.

Dans ces pays européens proches de nous, il est apparu nécessaire de simplifier le contentieux conjugal en instaurant des procédures de divorce par consentement mutuel qui accordent une plus grande autonomie aux conjoints pour trouver des arrangements satisfaisants sur les conséquences de leur divorce. Toutefois, cette contractualisation du divorce s'accompagne de deux limites importantes. D'une part, elle conduit le plus souvent à confier à des organismes de médiation une place importante. D'autre part, elle n'exclut jamais totalement le juge qui devient un régulateur des conflits familiaux. À l'inverse de cette tendance, la Louisiane a créé un contrat de mariage « renforcé » (*covenant marriage*) qui n'ouvre la possibilité aux couples de divorcer qu'après le respect d'un délai relativement long de séparation ou sous des conditions restrictives.

L'évolution des situations individuelles, des recompositions familiales modifie régulièrement les équilibres en jeu.

Cette tendance à la déjudiciarisation du divorce par consentement mutuel donnera donc progressivement lieu à des évolutions positives, mais elle ne réglera pas tous les problèmes des couples. Et en attendant que ces simplifications se mettent en place, les questions auxquelles ce livre entend répondre continueront de se poser à nombre de personnes.

Contrat de mariage
ou contrat de divorce ?

Cette pratique naguère très usitée dans les milieux très sensibles aux questions patrimoniales peut sembler quelque peu désuète, la dimension personnelle et amoureuse du mariage ayant pris le pas sur les questions d'intérêt et d'arrangements entre familles. Elle connaît toutefois un regain de popularité sous une forme quelque peu modifiée : une sorte d'engagement préalable au mariage sur les conditions d'un éventuel divorce. C'est le contrat prénuptial, ou *prenup*, aux États-Unis notamment, mais aussi dans de nombreux autres pays et notamment en France.

Il en va un peu comme dans les contrats de travail pour artistes connus, présentateurs des médias, sportifs professionnels – qui incluent des clauses de désengagement, de rupture, de dédommagements dans certaines conditions – ou même pour des cadres dirigeants – quand des « golden parachutes » sont définis.

En l'occurrence, au moment du mariage, le couple établit avec l'aide d'un avocat un contrat qui précise quelles seraient les modalités d'un divorce, en fonction des avoirs de chacun, de ses héritages potentiels, de son niveau d'études, de son profil de carrière, etc.

Comme la négociation s'opère pendant les premières années de la relation, on peut penser que l'ambiance est certainement plus amène et détendue qu'au moment d'une séparation. Peut-être est-on alors un peu plus généreux envers l'autre. Le *prenup* a en tout cas le mérite de faire réfléchir en amont aux problèmes financiers éventuels. Bref, de parler argent tout de suite. C'est aussi son inconvénient, sa limite. Car cela peut être très mal vécu.

Au moment de choisir bague et voyage de noces, on se met à discuter finances. « La voilà qui pense déjà à sa pension alimentaire », se dit le futur époux juste avant de convoler. « Le voilà qui songe déjà à me dédommager le moins possible quand il me quittera pour une jeunette », songe sa future épouse. « C'est mal parti », concluent les deux. On est loin des images romantiques qui restent attachées au mariage. En particulier dans un pays comme la France où parler d'argent « passe mal » et où envisager de négocier un contrat semble aller contre la dimension affective de la relation qui se noue. Comme s'il s'agissait déjà de se protéger, comme si le pire était déjà sûr… Il n'est pas certain que notre vision de l'amour et du couple, comme notre culture juridique, qui privilégie la sanction après coup, s'accommodent de cette solution pourtant très pragmatique.

De nouveaux métiers ?

Pour terminer sur cette note inventive, on peut aussi mentionner l'émergence de nouveaux services. Il existe des métiers novateurs qui ont une vraie utilité.

C'est le cas par exemple des *certified divorce planners* (CDP), qui fleurissent aux États-Unis. Vous divorcez et vous n'êtes pas trop fort(e) en chiffres. Il en va un peu comme si vous créiez votre petite entreprise : tout doit être en ordre. Un analyste financier dont la formation est plus proche de celle d'un expert-comptable que celle d'un avocat vous propose de travailler avec vous sur le détail de vos revenus et de vos frais pour tout mettre à plat. Au moyen de grilles proposées par des logiciels de comptabilité, il vous propose des simulations financières qui vous permettront de mieux boucler votre dossier. Intervenant avant les consultations des avocats ou simultanément, dédié à la sphère financière, ce CDP peut trouver des montages intéressants en vue de la séparation. Il n'intervient absolument pas sur les raisons du divorce. Son tarif est inférieur à celui des avocats et il est disponible à cet égard, ce qui ne peut qu'alléger le coût total du divorce.

Des coachs en divorce peuvent aussi intervenir avant les avocats. Ils préparent l'organisation de la vie future des divorçants et surtout de leurs enfants. Ayant une formation psychologique, ils s'occupent des aspects concrets alors que les psys travaillent sur l'ensemble des problèmes individuels et interviennent peu dans la réalité. Ces coachs viennent au domicile et réfléchissent avec le père ou avec la mère (à chacun son coach) sur la meilleure façon de se séparer, sur le lieu d'habitation, sur le mode de garde des enfants, etc. Moins coûteux aussi que les avocats, ils ne sont pas concurrentiels avec ceux-ci : ils préparent leur client aux consultations d'avocats. À chacun son rôle, en somme.

Peut-être aussi verra-t-on des cabinets d'avocats proposer des équipes pluridisciplinaires pour aider les couples qui seraient composées de comptables, de psys, de notaires (métier qui n'existe pas dans de nombreux pays), etc. Ce serait à la fois une voie de développement économique pour eux et un service très utile à fournir. La complexité d'un divorce met en effet en jeu de nombreuses disciplines faisant appel à de nombreux spécialistes : avocats spécialisés en immobilier, en droit des sociétés, experts-comptables, notaires, psychiatres, etc. Le métier d'avocat s'en trouverait transformé. À condition de résister à la tentation de s'estimer omniscient et omnipotent. Non, un avocat ne sait pas tout et il ne suffit pas toujours de se débrouiller comme on peut.

> Jacques et Jocelyne sont embarqués dans un divorce difficile et ne communiquent plus du tout : pour le rachat des parts de société que les époux avaient en commun ainsi que d'un appartement en société civile immobilière, l'avocat de Jacques consulte ses confrères dans le même cabinet, tandis que celui de Jocelyne lui demande d'en voir un autre, spécialisé en immobilier car il n'est pas compétent pour cela. Après des mois difficiles, Jocelyne se braque, découragée : elle ne connaît pas d'avocat spécialisé en immobilier et il va lui falloir encore tout raconter et payer des sommes dont elle ne dispose pas. Or le crédit de l'appartement que les époux ont en commun n'est plus payé car le couple se bagarre, la saisie immobilière se profile. Qui va « gagner » ?

C'est au contraire l'approche pluridisciplinaire et collective qui s'avérera payante. Certains cabinets l'ont compris. Le plus souvent parce qu'ils ont à traiter de « gros dossiers ». Pour que le traitement usuel des divorces concernant Mme et M. Tout-le-Monde change, l'enjeu sera de démocratiser cette démarche.

En guise de conclusion...

Tout comme le client de Danny DeVito dans le film, déjà cité, *La Guerre des Rose* qui préfère fuir le cabinet de l'avocat après avoir entendu l'histoire tragique de ce couple, le lecteur, au terme de cet ouvrage, sera peut-être tenté de réfléchir avant de divorcer. C'est en tout cas dans cet esprit que ce livre a été écrit, et j'espère avoir montré suffisamment, tout au long de ces pages, que le divorce, pour tentant qu'il soit sur le coup, n'est pas, comme on le croit trop souvent, la solution à tous les problèmes qu'un couple doit affronter.

En cas de difficulté, c'est une prise de distance et de conscience qui s'impose tout d'abord. Examinons déjà ce qui ne va pas. Que reprochons-nous à notre compagne, à notre compagnon ? Qu'avons-nous fait pour que cette situation s'améliore ? Et surtout que pourrions-nous changer chez nous ? N'avons-nous pas aussi contribué à ce mal-être ? Un couple, je le répète, est une entité en perpétuel mouvement, qui évolue avec le temps, avec les enfants, avec les petits-enfants. C'est un organisme vivant qui traverse des crises et ces crises, pour inévitables qu'elles soient, peuvent souvent être surmontées, pour peu qu'on puisse se parler et s'écouter.

Si, malgré tout, vous êtes tous les deux décidés à divorcer, soyez vigilants et veillez bien à respecter celui ou celle avec qui vous avez partagé des moments de joie et de bonheur, avec qui vous avez eu des enfants. Et sachez qu'une séparation juridique ne règle rien de la séparation psychique. Il faut du temps pour se séparer, pour se refaire. Toutefois, si le temps de la « déconstruction du couple » a été respecté, si la coparentalité s'est bien organisée, alors les recompositions se feront positivement.

Si, il y a une trentaine d'années, nous recevions en consultation des couples mariés avec enfants, aujourd'hui, ce sont des couples remariés qui se séparent pour la deuxième ou la troisième fois. On assiste à des répétitions de scénario. *Comment réussir à échouer* publiait Paul Watzlawick en 1986. Comment avons-nous réussi à échouer à nouveau ?, s'interrogent ces couples. Comment comprendre ces répétitions, et les éviter ? Notre travail de thérapeute consiste à aider les couples en difficulté à mieux communiquer, à comprendre comment ils en sont arrivés là, à hiérarchiser leurs priorités et à dépasser leurs crises. En aucun cas, nous n'interférons sur leurs choix de vie.

Que pensent les couples vingt ans après leur séparation ? Sauf quand il y a des causes précises (on est parti pour quelqu'un d'autre), ils sont incapables de comprendre comment ils en sont arrivés à se séparer : « Nos chemins ont divergé… » ; « C'était une erreur de casting… » ; « On s'ennuyait… » Lorsque le temps a fini par permettre aux mécanismes de l'oubli, voire du refoulement de fonctionner, ce sont les sordides histoires de divorce qui restent en mémoire plus que les causes des séparations. Comme dans de nombreux conflits familiaux ou brouilles familiales, les causes ne sont plus identifiées ; seules restent la rupture et ses conséquences.

Comme nous avons essayé de le montrer dans tout cet ouvrage, de nombreux couples pourraient être aidés – aidés à mieux communiquer, aidés à rester ensemble, aidés à se séparer élégamment, aidés à ne pas « se déchirer » les enfants comme dans le jugement de Salomon. Tentez une médiation, consultez des avocats formés au droit collaboratif et surtout faites-vous accompagner par un psy ! Dans les années qui viennent, nul doute que la collaboration plus étroite entre psys et avocats permettra à tous les divorces difficiles de se régler de manière moins guerrière. C'est en tout cas le vœu que je fais ici.

Notes bibliographiques

Introduction

1. Pour tous les films cités dans cet ouvrage, nous nous permettons pour plus de détails de renvoyer à la page Wikipédia ou Allociné qui leur est consacrée.
2. Voir sur ce point l'ouvrage désormais classique de Deborah Tannen, *Décidément, tu ne me comprends pas !*, Paris, Robert Laffont, 1993.
3. Adam Phillips, *Monogamie*, Paris, Bayard, 1997.
4. Irène Théry, *Le Démariage. Justice et vie privée*, Paris, Odile Jacob, 1993.
5. Louis Roussel, *La Famille incertaine*, Paris, Odile Jacob, 1989.
6. Philippe Brenot, *Inventer le couple*, Paris, Odile Jacob, 2001.
7. Bernard Geberowicz et Colette Barroux, *Le Baby-clash. Le couple à l'épreuve de l'enfant*, Paris, Albin Michel, 2005.

CHAPITRE 1
Du mariage au divorce : petite histoire de grandes évolutions

1. Jean-Claude Kaufmann, *Sociologie du couple*, Paris, PUF, 2011.
2. Marilyn Yalom, *Comment les Français ont inventé l'amour*, Paris, Galaade, 2012.
3. Sylvie Angel, *Ah, quelle famille !*, Paris, Robert Laffont, 2003.
4. Elisabeth Badinter, *Émilie, Émilie*, Paris, Flammarion, 1983.
5. Eva Illouz, *Pourquoi l'amour fait mal*, Paris, Seuil, 2012.
6. François de Singly, *Séparée. Vivre l'expérience de la rupture*, Paris, Armand Colin, 2011.
7. Murray Bowen, *La Différenciation du soi. Les triangles et les systèmes émotifs familiaux*, Paris, ESF, 1984.
8. Daniel Stern, *Le Monde interpersonnel du nourrisson*, Paris, PUF, 2003.
9. Irène Théry, *Le Démariage, op. cit.*, p. 46.
10. *Ibid.*, p. 10.

CHAPITRE 2
Pas de mariage sans crises, mais comment les dépasser ?

1. Voir Antonio J. Ferreira, « Les mythes familiaux », *in* Paul Watzlawicz et John H. Weakland, *Sur l'interaction. Palo Alto 1965-1974. Une nouvelle approche thérapeutique*, Paris, Seuil, 1981.
2. Bernard Geberowicz et Colette Barroux, *Le Baby-clash*, *op. cit.*
3. Voir notamment Béatrice Copper-Royer, *Le Jour où les enfants s'en vont*, Paris, Albin Michel, 2012 et Lydia Flem, *Comment je me suis séparée de ma fille et de mon quasi-fils*, Paris, Seuil, 2009.

CHAPITRE 3
Pourquoi se sépare-t-on ?

1. Émile Zola, *Nana*, Paris, Garnier-Flammarion, 1968, p. 220.
2. Sabine Melchior-Bonnet et Aude de Tocqueville, *Histoire de l'adultère*, Paris, La Martinière, 1999.
3. Marilyn Yalom, *Comment les Français ont inventé l'amour*, Paris, Galaade, 2013, p. 49 et suiv.
4. Cécile Wajbrot, *La Fidélité*, Paris, Autrement, 1991.
5. Marilyn Yalom, *Comment les Français ont inventé l'amour*, *op. cit.*, p. 42.
6. Sylvie Angel, *Ah, quelle famille !* Paris, Robert Laffont, 2003.
7. Voir chapitre 2.
8. Bernard Geberowicz, *Les 7 Vertus du couple*, Paris, Odile Jacob, 2015, p. 121.
9. Voir plus loin au chapitre 9 pour plus d'éléments sur le harcèlement.
10. D'après Grosman, Mesterman et Adamo (1989), cité par Alfredo Canevaro, « Approche trigénérationnelle de la violence dans le couple », *Cahiers critiques de thérapie familiale et de pratiques de réseaux*, 1990, 11, p. 117.
11. Gerard T. Hotaling et David B. Sugarman, « An analysis of risk markers in husband to wife violence : The current state of knowledge », *Violence and Victims*, 1986, 1 (2), p. 101-124.

CHAPITRE 4
Et si la séparation est inéluctable ?

1. Dan Franck, *La Séparation*, Paris, Seuil, 1991, p. 14-15.
2. Cette expression est empruntée à Irène Théry, *Le Démariage*, *op. cit.*
3. Dan Frank, *La Séparation*, *op. cit.*, p. 82.
4. Lillian Rubin, *Des Étrangers intimes. Comment les couples construisent leurs malentendus*, Paris, Robert Laffont, 1986.
5. Sylvie Angel et Stéphane Clerget, *La Deuxième Chance en amour*, Paris Odile Jacob, 2006.

CHAPITRE 5

Quel retentissement sur les enfants ?

1. Jocelyn Dahan et Évangeline de Shonen-Desarnauts, *Se séparer sans se déchirer*, Paris, Robert Laffont, 2000, p. 131-132.
2. Froma Walsh, *Changing Families in a Changing World in Normal Family Process*, New York, Guilford Press, 2003.
3. E. Mavis Hetheringtonn et John Kelly, *For Better or Worse*, New York, Norton, 2002.
4. Salvatore d'Amore (éd.), *Les Nouvelles Familles*, Bruxelles, De Boeck, 2010, p. 42.

CHAPITRE 7

Le temps du divorce

1. Irène Théry, *Le Démariage*, *op. cit.*, p. 232.

CHAPITRE 8

Comment éviter de transformer un divorce en guerre civile ?

1. Martine Valot-Forest, *Le Divorce pour les nuls*, Paris, First, 2010.
2. Sun Tse, *L'Art de la guerre*, Paris, Pocket, 1993, p. 33-34.
3. Nelly Alard, *Moment d'un couple*, Paris, Gallimard, « Folio », 2013, prix Interallié 2013.
4. *Ibid.*, p. 397.
5. *Ibid.*, p. 396.
6. Gérard Haddad, *La Revue*, septembre-octobre 2015, n° 55.
7. Marie-France Hirigoyen, *Le Harcèlement moral*, Paris, Syros, 1998, p. 10.
8. Paul-Claude Racamier, *Le Génie des origines*, Paris, Payot, 1992 ; voir aussi *Les Perversions narcissiques*, Paris, Payot, 2012. On pourra également consulter Alberto Eiguer, *Petit Traité des perversions morales*, Paris, Bayard, 1997 et *Des perversions sexuelles aux perversions morales. La jouissance et la domination*, Paris, Odile Jacob, 2001 ; ainsi que Jean-Charles Bouchoux, *Les Pervers narcissiques*, Paris, Eyrolles, 2009.
9. Robert Stoller, *La Perversion, forme érotique de la haine* (1975), Paris, Payot, 2007.
10. Sur ce point, voir Maurice Hurni et Giovanna Stoll, *Saccages psychiques au quotidien*, Paris, L'Harmattan, 2002.
11. Marie-France Hirigoyen, *Le Harcèlement moral*, *op. cit.*, p. 39.
12. Harold Searles, *L'Effort pour rendre l'autre fou*, Paris, Gallimard, « Connaissance de l'inconscient », 1977, p. 161.
13. *Ibid.*, p. 163.
14. *Ibid.*, p. 166.
15. Voir Sue Johnson, *Serre-moi fort*, Paris, Le Livre de poche, 2014.

CHAPITRE 11

Côté justice, comment faire mieux ?

1. Annie Babu et Pierrette Bonnoure-Aufière, *Guide la médiation familiale*, Paris, Érès, 2010, p. 35.
2. Roger Fisher, William Ury et Bruce Patton, *Comment réussir une négociation*, Paris, Seuil, 3ᵉ édition, 2006.
3. APMF, 11, rue Beccaria 75012 Paris, site Internet : apmf.fr ; tél. : 01 43 40 29 32.
4. AFPDC, 19, boulevard Henri-IV, 75004 Paris, site Internet : www.droit-collaboratif.org.
5. Voir Christian Couturier, 2002, article mis à jour en collaboration avec des membres du Groupe de droit collaboratif du Québec (http://droitcollaboratifquebec.ca/processus/).
6. Pour plus de détails, voir *Le Guide des modes amiables de résolution des différends (MARD) 2014-2015*, Paris, Dalloz, 2014.
7. Voir sur ces points les éléments fournis sur le site Internet du Sénat (http://www.senat.fr/lc/lc36/lc36_mono.html).

Pour en savoir plus

LIVRES

Alard N., *Moment d'un couple*, Paris, Gallimard, « Folio », 2013.

Austen J., *Orgueil et Préjugés* (1813), Paris, 10/18, 2012.

Babu A. et Bonnoure-Aufière P., *Guide de la médiation familiale*, Toulouse, Érès, 2010.

Barbier D., *La Fabrique de l'homme pervers*, Paris, Odile Jacob, 2013.

Benoît J.-C., Caillé P., Canevaro A., Derely M., Dermine C., Elkaïm M., Francokrei B., Godlbeter-Merinfeld E., Neuburger R., Roegiers L., Schrod H., Willi J., « Crises de couple. Perspectives thérapeutiques », *Cahiers critiques de thérapie familiale et de pratiques de réseaux*, 1999, n° 23.

Bottero J., « L'amour et la sexualité », *L'Histoire*, 1999, n° 5.

Bouchoux J.-C., *Les Pervers narcissiques. Qui sont-ils ? Comment fonctionnent-ils ? Comment leur échapper ?*, Paris, Eyrolles, 2014.

Brenot P., *Inventer le couple*, Paris, Odile Jacob, 2001.

Burguière A., Christiane Kapish-Zuber C., Segalen M., Zonabend F., *Histoire de la famille*, Paris, Armand Colin, 1986.

Copper-Royer B., *Le jour où les enfants s'en vont*, Paris, Albin Michel, 2012.

Dahan J. et Shonen-Desarnauts E., *Se séparer sans se déchirer*, Paris, Robert Laffont, 2000.

Fisher R., Ury W., Patton B., *Comment réussir une négociation*, Paris, Seuil, 3ᵉ édition, 2006.

Flem L., *Comment je me suis séparée de ma fille et de mon quasi-fils*, Paris, Seuil, 2009.

Franck D., *La Séparation*, Paris, Seuil, 1991.

Fricero N., Butruille-Cardew C. *et al.*, *Le Guide des modes amiables de résolution des différends (MARD) 2014-2015*, Paris, Dalloz, 2015.

Geberowicz B., *Baby-clash. Le couple à l'épreuve de l'enfant*, Paris, Albin Michel, 2005.

Geberowicz B., *Les 7 Vertus du couple. Une alchimie particulière*, Paris, Odile Jacob, 2015.

Hirigoyen M.-F., *Le Harcèlement moral*, Paris, Syros, 1998.

Illouz E., *Pourquoi l'amour fait mal*, Paris, Seuil, 2012.

Insee, *L'Argent dans le couple*, 26 juillet 2013.

Johnson S., *Serre-moi fort*, Paris, LGF, 2014.

Kaufmann J.-L., *Agacements. Les petites guerres du couple*, Paris, LGF, 2008.

Kaufman J.-L., *Sociologie du couple*, Paris, PUF, 2011.

Melchior-Bonnet S. et Tocqueville A., *Histoire de l'adultère*, Paris, La Martinière, 1999.

Roussel L., *La Famille incertaine*, Paris, Odile Jacob, 1989.

Searles H., *L'Effort pour rendre l'autre fou*, Paris, Gallimard, 1977.

Sun Tse, *L'Art de la guerre*, Paris, Pocket, 1993.

Singly de F., *Fortune et infortune de la femme mariée*, Paris, PUF, 1987.

Singly de F., *Séparée. Vivre l'expérience de la rupture*, Paris, Armand Colin, 2011.

Stoller R., *La Perversion*, Paris, Payot, 2007.

Théry I., *Le Démariage. Justice et vie privée*, Odile Jacob, 1993.

Wajbrot C, *La Fidélité*, Paris, Autrement, 1991.

Yalom M., *Comment les Français ont inventé l'amour*, Paris, Galaade, 2013.

Zola É., *Nana*, Paris, Garnier-Flammarion, 1968.

FILMS

Benton R., *Kramer contre Kramer*, 1979.

Braoudé P., *Génial, mes parents divorcent !*, 1991.

Cayatte A., *La Vie conjugale ; Jean-Marc ou la vie conjugale* (1er volet, 1963) ; *Françoise ou la vie conjugale* (2e volet, 1964).

Chauveron de P., *Qu'est-ce qu'on a fait au bon Dieu ?*, 2014.

Columbus C., *Mrs Doubtfire*, 1994.

DeVito D., *La Guerre des Rose*, 1989.

Frankel D., *Tous les espoirs sont permis*, 2012.

Guignabodet V., *Mariages !*, 2014.

Hitchcock A., *Soupçons*, 1941.

Hitchcock A., *L'Ombre d'un doute*, 1943.

Hitchcock A., *La Corde*, 1948.

Hitchcock A., *L'Inconnu du Nord-Express*, 1951.

Lyne A., *Liaison fatale*, 1987.

Lyne A., *Proposition indécente*, 1993.

Roach J., *Mon beau-père et moi*, 2000.

Roach J., *Mon beau-père, mes parents et moi*, 2004.

Remerciements

Ce sont mes patients qui m'ont incitée à écrire cet ouvrage. Leurs souffrances, leurs interrogations, mais aussi leurs évolutions et leurs changements me confortent depuis longtemps dans la passion de mon travail. Les vignettes cliniques qui illustrent mon propos dans ce livre ont été soigneusement modifiées pour préserver l'anonymat. Les prénoms ont été changés, les identités modifiées pour garantir le secret professionnel.

Mes remerciements vont à mes collègues du cabinet Pluralis, structure pluridisciplinaire que nous avons créée avec Pierre Angel pour permettre aux familles, aux couples, aux adolescents, aux personnes seules de consulter en fonction de leurs besoins. À Pluralis, la souffrance est entendue par des professionnels formés à l'écoute et aux psychothérapies. Des réflexions et des solutions sont élaborées dans ces bureaux feutrés et accueillants. C'est une collaboration quotidienne avec une trentaine de spécialistes et un partage d'idées. Merci aussi à Lylia et Véronique, toujours souriantes, pour leur accueil des patients qui arrivent souvent désemparés.

Je voudrais également remercier les avocates maîtres Charlotte Butrille-Cardew, Pauline Deschamps et Christelle Levilain pour leurs conseils et leur relecture de la partie juridique, ainsi que mes amis avocats maîtres Yoel Willer et François Klein avec lesquels j'échange depuis longtemps à partir de situations souvent très complexes. La rencontre avec Marilyn et Irvin D. Yalom, le couple formidable qui illustre si bien la « thérapie du bonheur », a été une grande source d'inspiration. Je n'oublie pas non plus mes amis qui nourrissent depuis longtemps mes réflexions sur les familles, Bernard Geberowicz, Philippe Gutton, Arnold Munnich, Aldo Naouri et aussi François de Singly.

Odile Jacob a accompagné ce projet avec enthousiasme ainsi que Marie-Lorraine Colas que je remercie pour sa relecture.

Enfin et surtout, je veux remercier mon mari, ma famille, mes enfants, mes neveux et nièces qui constituent un ciment solide et créent une ambiance joyeuse et stimulante entre New York et Paris.

Table

TABLE   231

La Deuxième Chance en amour, avec Stéphane Clerget, 2006.

Les Mères juives n'existent pas... mais alors qu'est-ce qui existe ?, avec Aldo Naouri et Philippe Gutton, 2005.

Cet ouvrage a été composé
en Electra et en Whitney
par Nord Compo
à Villeneuve-d'Ascq (Nord).

Achevé d'imprimer en octobre 2019 par

ISIPRINT

15 rue Francis de Pressensé
93210 La Plaine Saint-Denis

N° d'édition : 7381-3359-2 - N° d'impression : 148440
Dépôt légal : janvier 2016

Imprimé en France

PEFC 10-31-2581 / **Certifié PEFC** / pefc-france.org

Inscrivez-vous à notre newsletter !

Vous serez ainsi régulièrement informé(e)
de nos nouvelles parutions et de nos actualités :

https://www.odilejacob.fr/newsletter